マインドマップを使えば
どんどん書ける！

韓国語初級
ライティング

金珉秀

駿河台出版社
SURUGADAI SHUPPANSHA

はじめに

　本書は韓国語初級学習者が自信を持って韓国語が書けるようになることを目指しています。特に次のような方々にお勧めします。

○　**韓国語は読めるけど、うまく書けない方に**
　本書では作文を書く前段階として「マインドマップ（mind map）」を作成します（p.15参照）。このマインドマップを作成することにより、自分の考えや書きたいことが整理でき、短時間で文章がうまく書けるようになります。

○　**作文力・読解力を高めたい方に**
　本書では基礎編、語彙・文法編、作文・読解編の3 STEPの構成になっています。各STEPの内容を踏まえ、様々なトレーニングをすることで作文力と読解力を高めることができます。

○　**語彙と文法の間違いが気になる方に**
　本書の作文例は韓国語初級学習者の作文をもとにしています。多少添削を加えたものですが、韓国語学習者に共通して見られる間違いを取り上げているので、そのような間違いを事前に防ぐことができます。

○　**韓国語文章の書き方に慣れたい方に**
　本書では韓国語文章の書き方である「分かち書き」についても取り上げています。原稿用紙に書かれた作文例を読んだり、作文を原稿用紙に書いたりすることで、「分かち書き」を身に付けることができます。

　韓国語をうまく書くための一番の近道は、たくさん読んで、たくさん書いて、またたくさん書くことです。本書がその手助けになれば幸いです。

　最後に、本書を刊行するにあたり、企画を最初から見守っていただき、ご尽力いただいた駿河台出版社の関係者諸氏のご協力に感謝いたします。特に、編集長の浅見忠仁氏、イラストレーターのヨムソネ氏、駐日韓国文化院世宗字堂の事務局長韓淑氏には大変お世話になりました。また、実際の作文を使わせていただくことを快く快諾してくださったたくさんの方々にも心から感謝申し上げます。

2014年2月
金珉秀

本書の構成と見方

　本書では、韓国語のライティングのためにSTEP 1、STEP 2、STEP 3の3段階を設けています。それぞれのSTEPは次のような内容で構成されています。

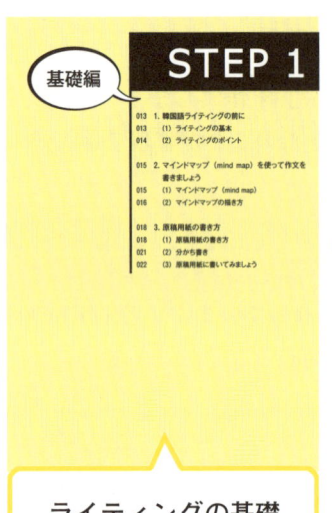

STEP 1　基礎編

ライティングの基礎やマインドマップの作成方法、原稿用紙の書き方について押さえておきます。

STEP 2　語彙・文法編

ライティングの前段階として韓国語能力試験初級レベルの基礎語彙と文法を身に付けます。

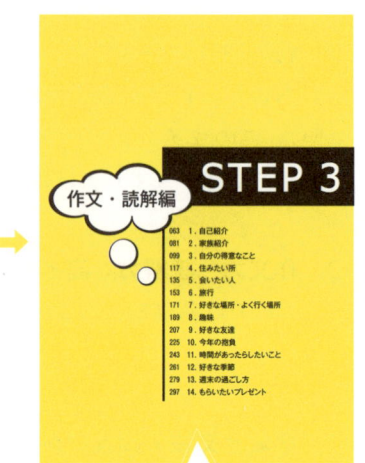

STEP 3　作文・読解編

様々なテーマに関する作文と読解トレーニングだけでなく、間違えやすい語彙、文法、分かち書きなどもしっかりと学びます。

　なお、巻末には付録として韓国語の初級「文法リスト」が掲載されています。

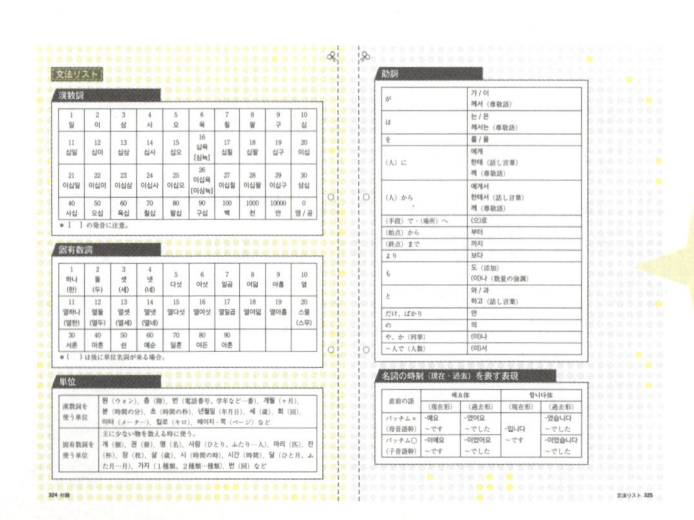

文法項目のチェックリストとしても活用できます。

STEP2は語彙・文法編です。名詞、接続詞、副詞、形容詞など、11項目に渡る韓国語初級の語彙と文法に関するトレーニングを行います。見開き左ページに問題、右ページに解答と解説、日本語訳を見やすく配置しました。

解答と解説、日本語訳

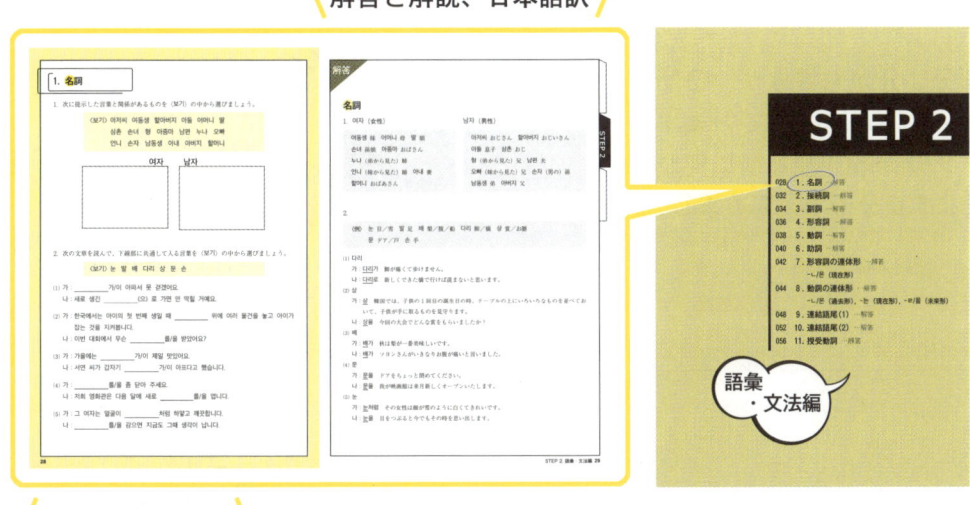

左ページに問題

STEP3は作文・読解編です。自己紹介、家族紹介、自分の得意なことなど、14項目に渡るテーマについて作文と読解トレーニングを行います。

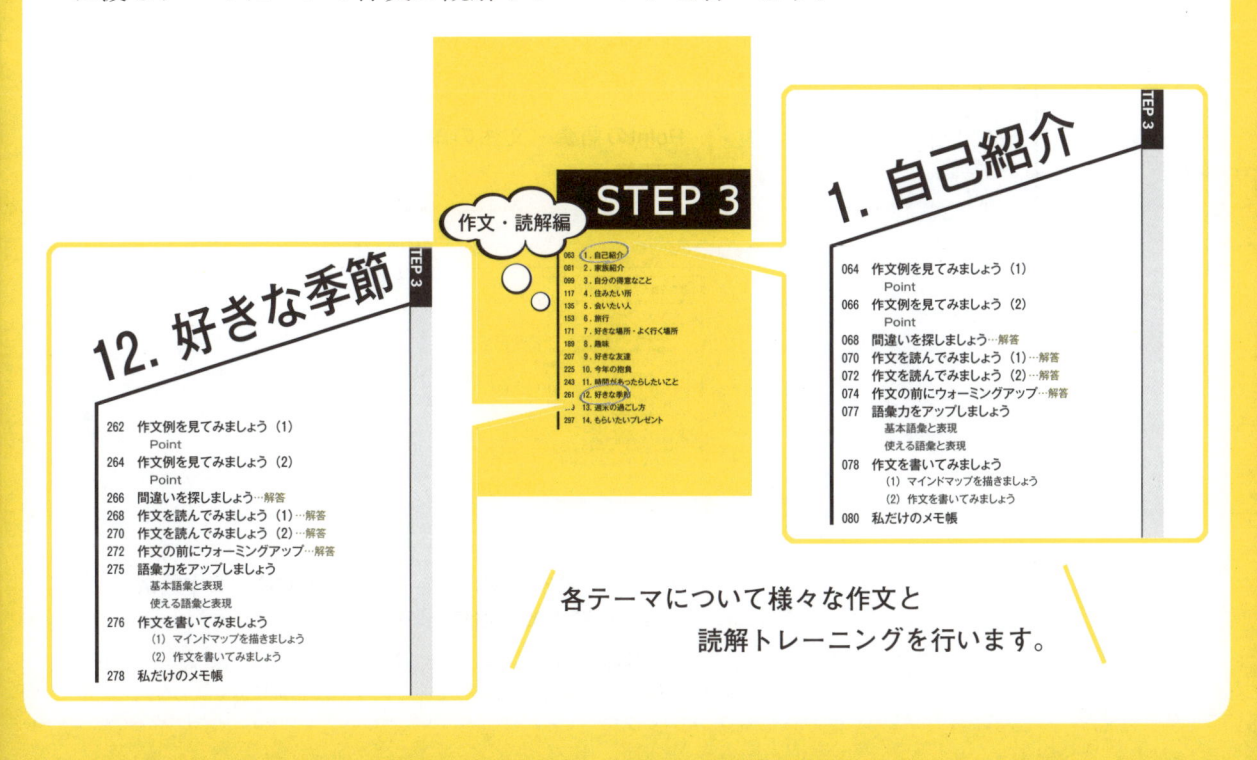

各テーマについて様々な作文と読解トレーニングを行います。

STEP３の各章では、次のようにそれぞれのテーマについて作文だけでなく、様々なトレーニングを用意しています。このようなトレーニングにより、韓国語文章の書き方（分かち書き）、語彙力、文法力など、作文を書く前の基礎知識をしっかりと押さえておくことができます。

☆部分は分かち書きが、○部分は語彙・文法が間違っています。右ページのPointを見る前に何が誤りかをまず自分で考えてみましょう。

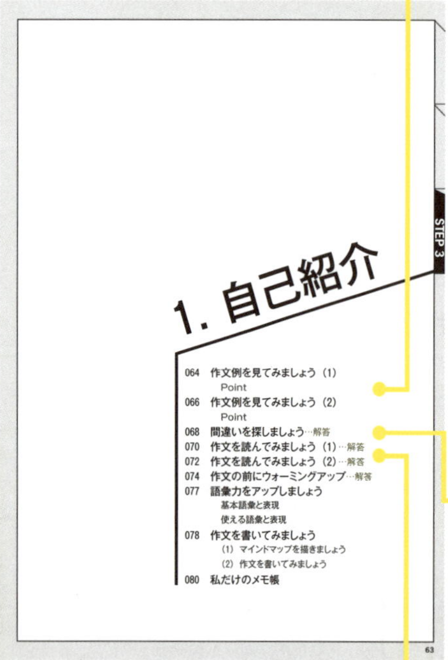

STEP 3
1. 自己紹介
064 作文例を見てみましょう（1）
Point
066 作文例を見てみましょう（2）
Point
068 間違いを探しましょう…解答
070 作文を読んでみましょう（1）…解答
072 作文を読んでみましょう（2）…解答
074 作文の前にウォーミングアップ…解答
077 語彙力をアップしましょう
基本語彙と表現
使える語彙と表現
078 作文を書いてみましょう
（1）マインドマップを描きましょう
（2）作文を書いてみましょう
080 私だけのメモ帳
63

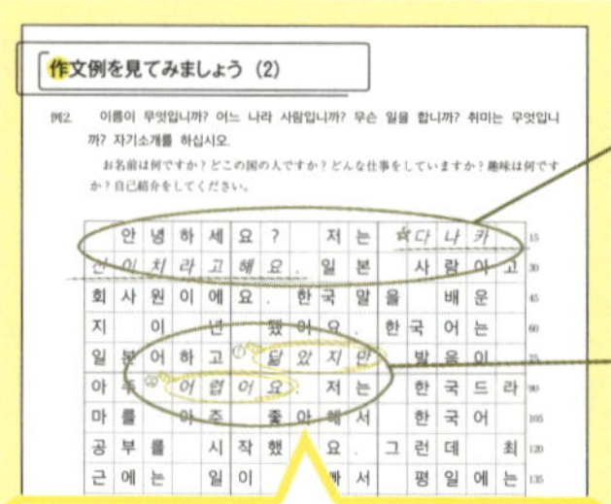

作文例を見てみましょう（2）

作文を読み、分かち書きの間違い１つ、語彙・文法の間違いを３つチェックします（日本語訳は巻末）。

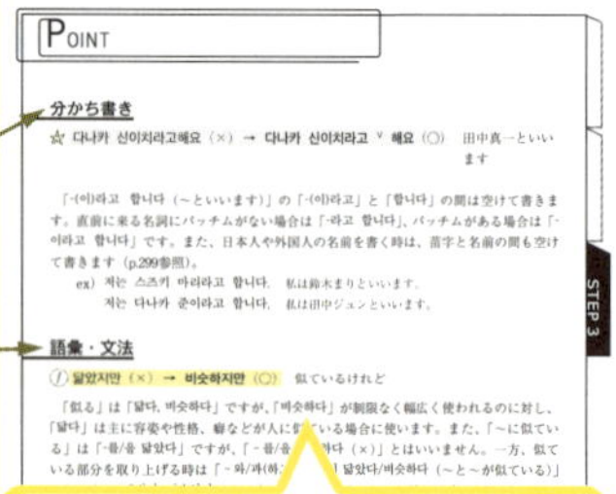

Point
分かち書き
語彙・文法
STEP 3

分かち書き、語彙・文法の間違いの解答と解説、日本語訳

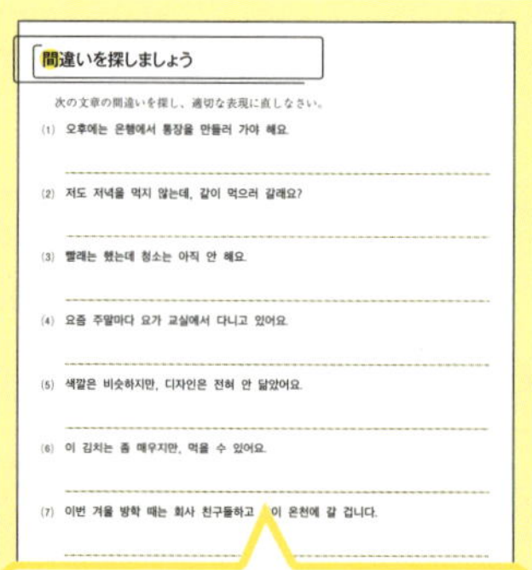

間違いを探しましょう

Pointの語彙・文法の確認問題

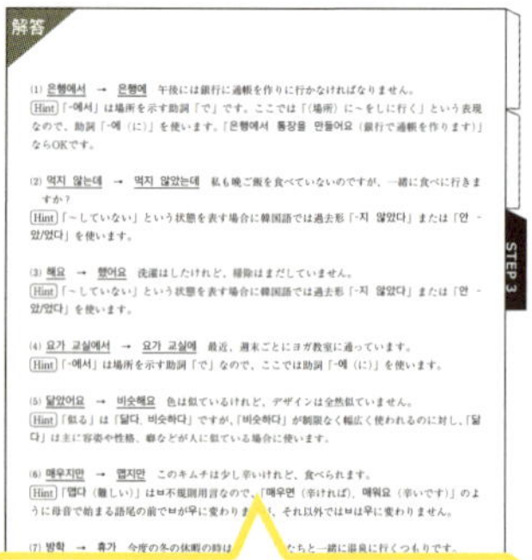

解答
STEP 3

解答と解説、日本語訳

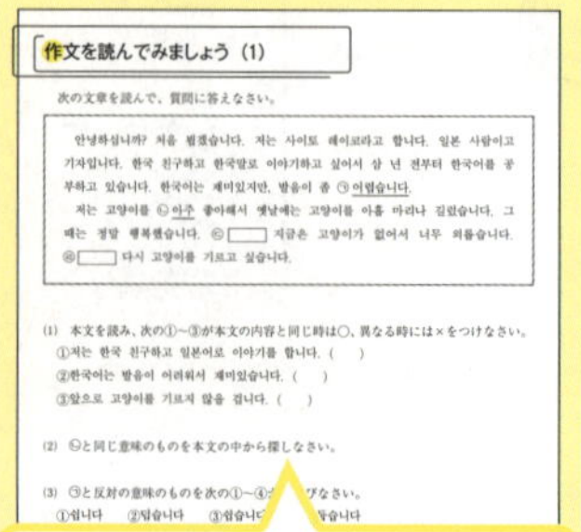

作文を読んでみましょう（1）

テーマに関する文章を読み、問題を解く読解トレーニングです。

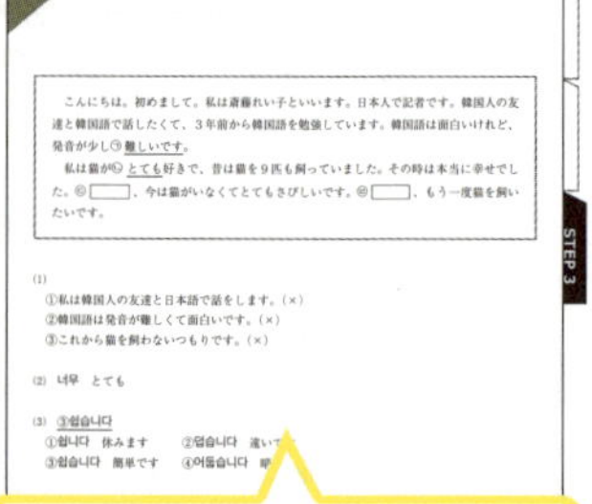

解答
STEP 3

解答と解説、日本語訳

1. 自己紹介

064 作文例を見てみましょう (1)
　　　Point
066 作文例を見てみましょう (2)
　　　Point
068 間違いを探しましょう…解答
070 作文を読んでみましょう (1)…解答
072 作文を読んでみましょう (2)…解答
074 作文の前にウォーミングアップ…解答
077 語彙力をアップしましょう
　　　基本語彙と表現
　　　使える語彙と表現
078 作文を書いてみましょう
　　　(1) マインドマップを描きましょう
　　　(2) 作文を書いてみましょう
080 私だけのメモ帳

単語や表現を並び替えて文章を作る練習です。

テーマに関する質問に対して短い文を書くトレーニングです。

前ページのウォーミングアップの解答と解説、日本語訳

テーマに関する様々な語彙と表現で語彙力をアップします。

テーマに関する語彙や表現などを自分なりに整理しておくことができます。

マインドマップを作成します。

左ページのマインドマップを見ながら、作文を書きます。

目次

- 003 　はじめに
- 004 　本書の構成と見方

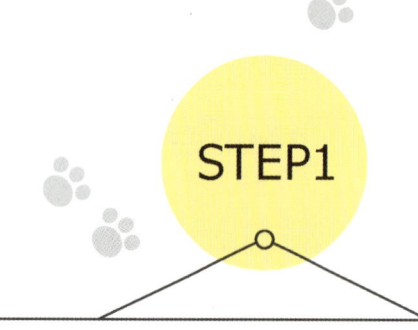

STEP1

基礎編

- 013 　1. 韓国語ライティングの前に
- 013 　　（1）ライティングの基本
- 014 　　（2）ライティングのポイント
- 015 　2. マインドマップ（mind map）を使って作文を書きましょう
- 015 　　（1）マインドマップ（mind map）
- 016 　　（2）マインドマップの描き方
- 018 　3. 原稿用紙の書き方
- 018 　　（1）原稿用紙の書き方
- 021 　　（2）分かち書き
- 022 　　（3）原稿用紙に書いてみましょう

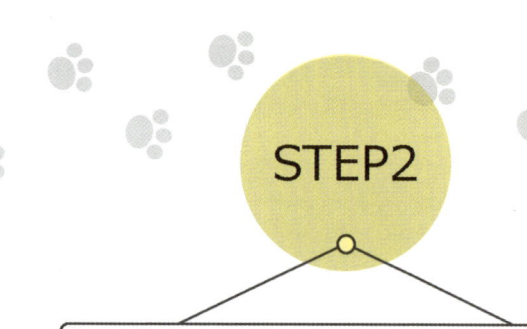

STEP2

語彙・文法編

- 028 　1. 名詞
- 032 　2. 接続詞
- 034 　3. 副詞
- 036 　4. 形容詞
- 038 　5. 動詞
- 040 　6. 助詞
- 042 　7. 形容詞の連体形
  - -ㄴ/은（現在形）
- 044 　8. 動詞の連体形
  - -ㄴ/은（過去形）
  - -는（現在形）
  - -ㄹ/을（未来形）
- 048 　9. 連結語尾(1)
- 052 　10. 連結語尾(2)
- 056 　11. 授受動詞

STEP3

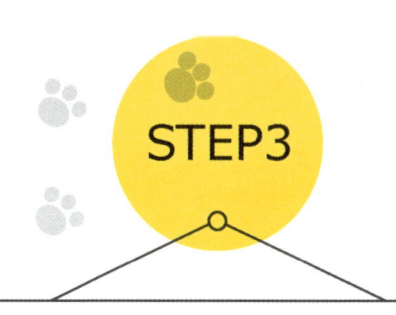

作文・読解編

- 063　1．自己紹介
- 081　2．家族紹介
- 099　3．自分の得意なこと
- 117　4．住みたい所
- 135　5．会いたい人
- 153　6．旅行
- 171　7．好きな場所・よく行く場所
- 189　8．趣味
- 207　9．好きな友達
- 225　10．今年の抱負
- 243　11．時間があったらしたいこと
- 261　12．好きな季節
- 279　13．週末の過ごし方
- 297　14．もらいたいプレゼント

―作文例を見てみましょう（1）／Point
―作文例を見てみましょう（2）／Point
―間違いを探しましょう／解答
―作文を読んでみましょう（1）／解答
―作文を読んでみましょう（2）／解答
―作文の前にウォーミングアップ／解答
―語彙力をアップしましょう
　基本語彙と表現
　使える語彙と表現
―作文を書いてみましょう
　(1) マインドマップを描きましょう
　(2) 作文を書いてみましょう
―私だけのメモ帳

315　【作文・読解編日本語訳】

付録

- 323　文法リスト
  - ―文法
  - ―接続詞
  - ―お助けフレーズ
  - ―不規則用言のまとめ

STEP 1

基礎編

013 1. 韓国語ライティングの前に
013   (1) ライティングの基本
014   (2) ライティングのポイント

015 2. マインドマップ（mind map）を使って作文を書きましょう
015   (1) マインドマップ（mind map）
016   (2) マインドマップの描き方

018 3. 原稿用紙の書き方
018   (1) 原稿用紙の書き方
021   (2) 分かち書き
022   (3) 原稿用紙に書いてみましょう

STEP

1. 韓国語ライティングの前に

(1) ライティングの基本

　ライティングの上達の上で、よく言われていることに「三多」というものがあります。「多読、多作、多商量」、つまり、多く読んで、多く書いて、多く考えて自分の文章を練り、添削することが文章上達の近道なのです。

　そこで、本書ではそれぞれのテーマに沿った韓国語の作文をたくさん用意しました。まず、それらを読んで韓国語の表現に慣れましょう。そして、それぞれのテーマに沿って、短い文章から長い文章まで韓国語でたくさん書いていきます。また、文章を書く前には自分の考えを広げ、内容の展開を整理し、書きたいことをまとめるためにマインドマップ（mind map）を作成します。本書ではこのマインドマップを利用し、短時間に効率よく文章を書く練習をします。マインドマップについては（p.15）で詳しく説明します。

　この「多読、多作、多商量」が文章を書くための基本の基ですが、他に次のような方法も韓国語ライティングの上達に役立ちます。

①好きな文章を書き写す

　自分の好きな本、歌、セリフなどを書き写してみましょう。写しながら、分からない語彙、文法を調べたり、好きな表現を覚えたりすることで新しいものをどんどん身に付けることができます。自分の好きな分野のものなら、なおさら覚えやすくなります。ただし、最初はあまり難しい文章を選ばないほうがいいでしょう。この書き写しは、韓国語の書き方（分かち書き）にも慣れることができるので、一石二鳥です。

②基本的な文法、語彙は抑えておく

　文法力と語彙力がアップすることによって、よりよい文章を書くことができます。語彙と文法は繰り返し覚えて、またたくさん使うことによって、身に付けることができます。

③一度書いた文章をあとでもう一度書きなおす

　自分で書いた文章を、韓国語が少しレベルアップした後にもう一度読み直して、書きなおしてみましょう。もちろん添削してくれる人がいればいいのですが、いなくともレベルアップした時の自分なら添削は可能です。また、もっとよい文章も書けるようになっているはずです。

1. 韓国語ライティングの前に

(2) ライティングのポイント

　韓国語は日本語と語彙、文法、語順などが似ているので、日本語力は韓国語のライティングにものすごく役立ちます。ですので、日本語で不自然な文章は韓国語においても不自然な文章になる場合が多いです。もちろん語彙、文法的に正しくても、なんだか韓国語では不自然な文章になってしまう場合もありますが、韓国語力がレベルアップするにつれて、自然な韓国語の表現が身に付くようになります。
　では、韓国語ライティングのポイントについて見てみましょう。

ライティングのポイント

①テーマに沿った内容を中心に書きましょう。関連が低い内容や関連がまったくない内容は控えましょう。

②「いつ、どこで、誰が、誰と、何を、なぜ、どのように、どうした、今後どうしたい」などを考えながら書くと、よりまとまった作文になります。

③同じ語彙や文法を繰り返して使うより、多様な語彙や文法を使う方が表現力豊かな文章になります。また、内容の展開に合わせて、接続詞も上手に使いましょう。

④韓国語の語尾には「합니다体（書き言葉）、해요体（話し言葉）、한다体（書き言葉）」などがありますが、初級では普通「합니다体、해요体」で書きます。実際の会話では、「합니다体、해요体」を混ぜて使う場合もありますが、ライティングの場合、文体は文章の最後まで統一して書きましょう。

⑤分かりやすく簡潔に書きましょう。

⑥分かち書きに注意しましょう。

⑦綴りは正確に、字はきれいに書きましょう。

2. マインドマップ（mind map）を使って作文を書きましょう

(1) マインドマップ（mind map）

　マインドマップ（mind map）とは、トニー・ブザン（Tony Buzan）が提唱した思考法で、頭の中で浮かんだことを目に見えるようにした思考の地図のことです。マインドマップの描き方は、まずテーマとなるキーワードを中央に置き、そこからキーワード、イメージ、シンボル、記号、色などを使い、キーワードやイメージを放射線状に広げ、つなげていきます。文章ではなく、単語や語句でメモを取る感じで書くので、日本語でも韓国語でもOKです。マインドマップを使うことによって、頭に浮かんだ思考を整理し、より効率的かつ短時間で作文を書くことができます。思い出したものをなるべくいっぱい書いて枝をどんどん出して放射線状に書いていきます。このマインドマップを描くことで、作文を書く前に作文テーマに関する全体像を把握することができると同時に、実際の作文の素材になるポイントについても整理することができます。

　マインドマップを描く時は次の点に注意しましょう。

マインドマップの描き方

①作文テーマを真ん中に書く。

②作文テーマの主なポイントを次の枝に書く。

③それぞれのポイントからどんどん思い出したことを広げていく。

④文章ではなく単語や語句、絵などで書く。

⑤考え込まずに頭に浮かんだことをなるべくいっぱい書く。

⑥マインドマップの作成が終わったら、書く順番を決めて番号を付けておく。

2. マインドマップ(mind map)を使って作文を書きましょう

(2) マインドマップの描き方

では、実際のマインドマップの描き方を見てみましょう。次は作文テーマ「여러분은 어디에 여행을 가 봤습니까? 그곳에서 무엇을 했습니까? 어땠습니까? 여러분의 여행 경험에 대해 쓰십시오.（皆さんはどこに旅行に行ったことがあります？そこで何をしましたか？どうでしたか？みなさんの旅行経験について書きなさい。）」のマインドマップです。ここでポイントになる内容は「①어디（どこ）、②그곳에서 무엇을（そこで何を）、③어땠습니까？（どうでしたか？）」なので、必ずこの内容が入るように書きましょう。また、作文のテーマが旅行経験なので、「언제（いつ）、누구하고（誰と）、날씨（天気）」などを加えて書いてもいいでしょう。とりあえず頭に浮かんだ内容を描きながら、関連がある事柄は放射線状にどんどんつなげていきます。

【問題】여러분은 ①어디에 여행을 가 봤습니까? ②그곳에서 무엇을 했습니까? ③어땠습니까? 여러분의 여행 경험에 대해 쓰십시오.

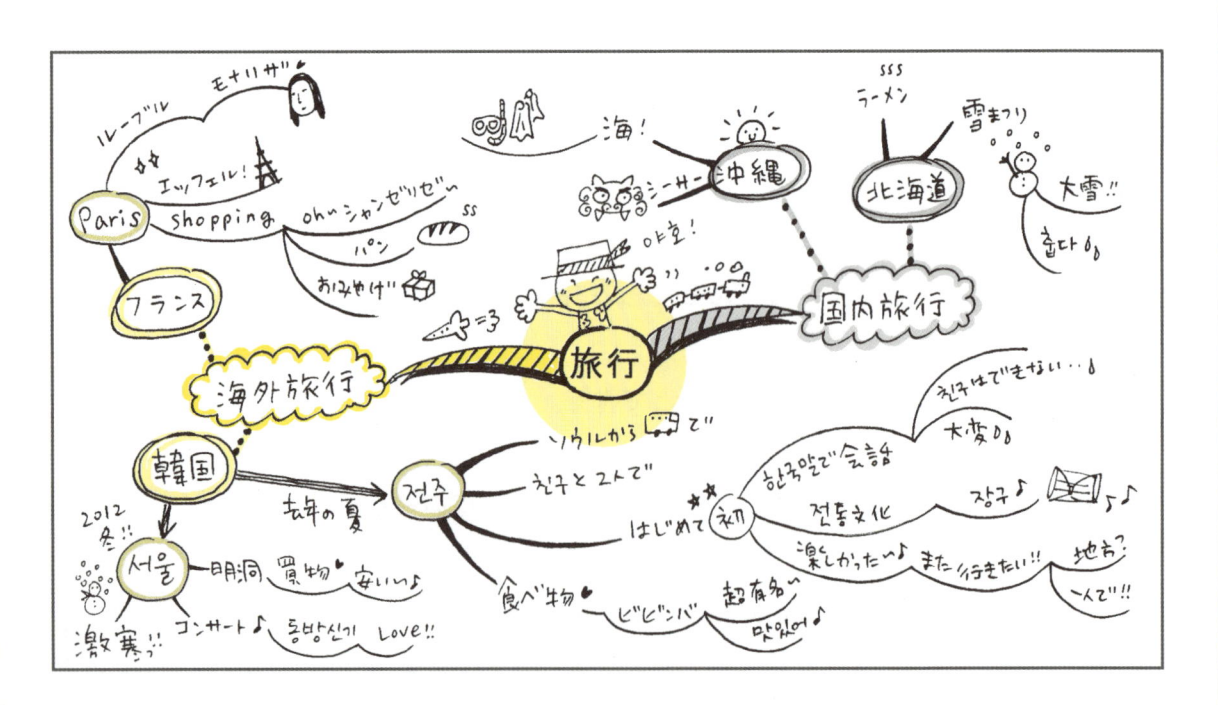

このようにマインドマップを描いたあとは、その中から作文で書く内容や順番を決め、数字や○で印を付けておくと、作文を書きやすくなります。また、実際に作文を書きながら、内容を付け加えてもいいです。

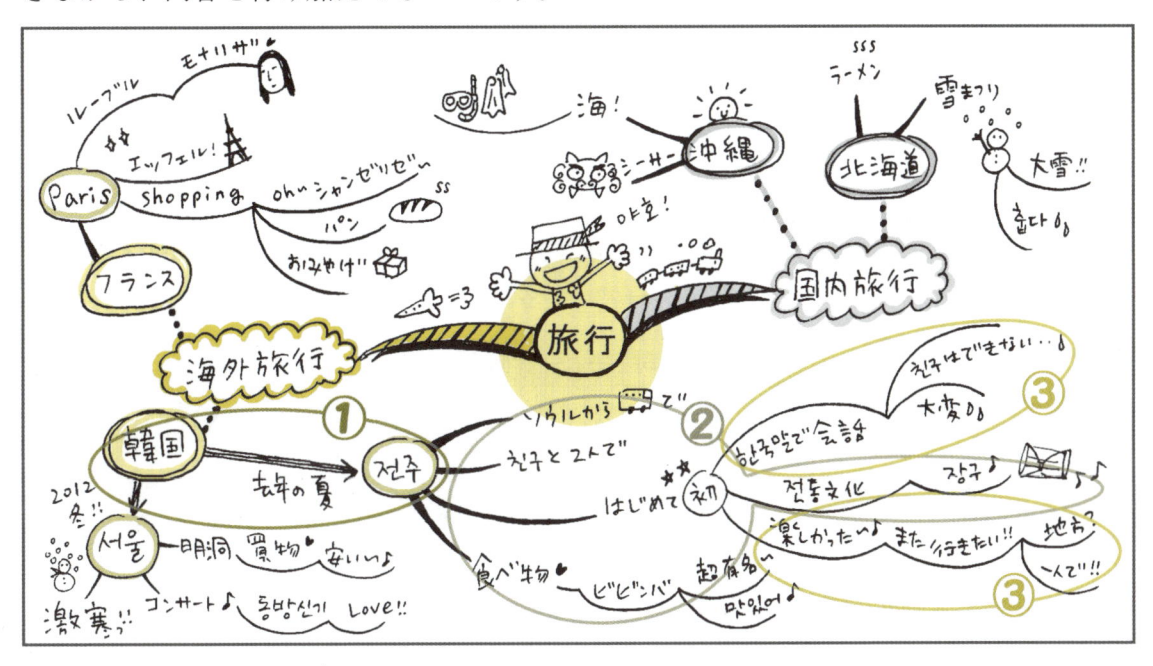

そして、このマインドマップを使って書いたものが次の作文です。

　저는 지난 여름에 친구와 같이 한국에 여행을 갔습니다. 우리는 비행기로 서울에 가서 다음날에 버스로 전주에 갔습니다. 전주는 처음 갔는데 서울하고 분위기가 많이 달랐습니다. 전주에서는 장구도 쳐 보고 유명한 전주 비빔밥도 먹어 보았습니다. 전주 사람들은 한국말만 썼기 때문에 우리는 잘 못하는 한국말로 이야기하는 것이 조금 힘들었지만, 한국의 전통 문화도 배울 수 있었고 한국 음식도 많이 먹을 수 있어서 정말 즐거운 여행이 되었습니다. 다음에도 서울보다는 지방으로 여행을 가고 싶습니다.

訳）私は去年の夏、友達と一緒に韓国旅行に行きました。私達は飛行機でソウルに行って、次の日にバスで全州に行きました。全州は初めて行きましたが、ソウルと雰囲気がかなり違いました。全州ではチャング（両面の太鼓）も打ってみたり、有名な全州のビビンバも食べてみました。全州の人々は韓国語ばかり使っていたので、私達は下手な韓国語で話すのが少し大変でしたが、韓国の伝統文化を学ぶこともでき、韓国料理もたくさん食べることができましたので、本当に楽しい旅行になりました。次回もソウルよりは地方へ旅行に行きたいです。

STEP 1. 基礎編　17

3. 原稿用紙の書き方

(1) 原稿用紙の書き方

①題名を書く場合は、真ん中に位置するように書きます。また、題名が短い場合は間を空けて書いても大丈夫です。

				좋	아	하	는		계	절				
							가			을				

②名前を書く場合は、最後の2文字は空けます。また、韓国人の場合は苗字と名前をくっつけて書きますが、外国人の場合は苗字と名前の間を空けて書きます。

				좋	아	하	는		계	절				
											김	유	나	

						가			을					
										기	쿠	치	요	코

③文字は1マスに1文字ずつ書きます。

	저	의		취	미	는		테	니	스	를		치	는		것	입	니	다

④数字とアルファベット

▶ ローマ数字、アルファベットの大文字、1ケタのアラビア数字は1マスに1文字ずつ書きます。

	Ⅰ	Ⅱ	Ⅲ	Ⅳ	Ⅴ									
	J	A	P	A	N									
	5	월		5	일									

▶アルファベットの小文字、2ケタ以上のアラビア数字は1マスに2文字ずつ書きます。

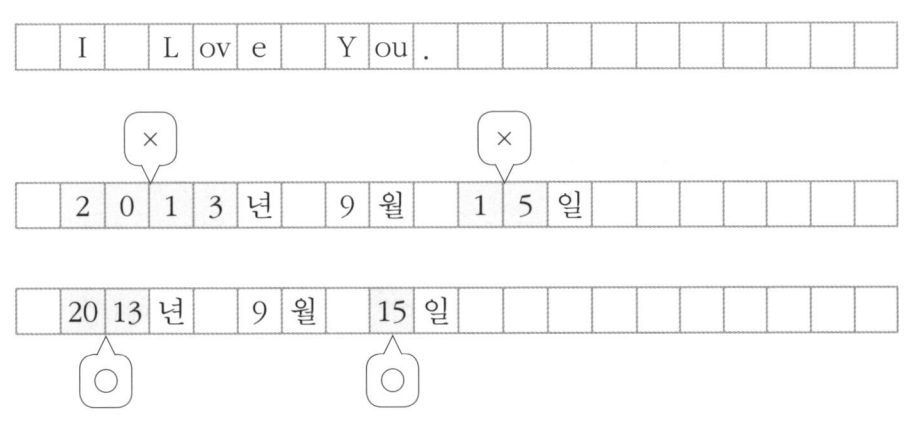

| | I | | L | ov | e | | Y | ou | . | | | | | | | |

| | 2 | 0 | 1 | 3 | 년 | | 9 | 월 | | 1 | 5 | 일 | | | | |

×（0と1の間、1と5の間）

| | 20 | 13 | 년 | | 9 | 월 | | 15 | 일 | | | | | | | |

○（20/13、15）

⑤本文冒頭と各段落の書き始めは1マス空けてから書きます。

本文冒頭 →
	제		취	미	는		테	니	스	를		치	는		것	입	니	다	.
저	는		어	릴		때	부	터		테	니	스		치	는		것	을
좋	아	했	습	니	다	.		왜	냐	하	면		테	니	스	는		재	미	있

――――――――――（中略）――――――――――

段落の書き始め →
| | 하 | 지 | 만 | | 요 | 즘 | 은 | | 일 | 이 | | 바 | 빠 | 서 | | 매 | 일 | | 치 |
| 지 | | 못 | 합 | 니 | 다 | . | | 그 | 래 | 서 | | 보 | 통 | | 주 | 말 | | 아 | 침 | 에 |

⑥行の始めに句読点があってはいけません。行の始めにこれらの符号が位置するような場合は、前の行の最後のマス目に入れて書きます。

| | 저 | 의 | | 취 | 미 | 는 | | 테 | 니 | 스 | 를 | | 치 | 는 | | 것 | 입 | 니 | 다 |
| . | | 저 | 는 | | 어 | 릴 | | 때 | 부 | 터 | | 테 | 니 | 스 | | 치 | 는 | | 것 | 을 |

× （行頭の「.」）

| | 저 | 의 | | 취 | 미 | 는 | | 테 | 니 | 스 | 를 | | 치 | 는 | | 것 | 입 | 니 | 다. |
| 저 | 는 | | 어 | 릴 | | 때 | 부 | 터 | | 테 | 니 | 스 | | 치 | 는 | | 것 | 을 |

○（最後のマスに「다.」）

3. 原稿用紙の書き方

⑦本文冒頭と各段落の書き始め以外の行の最初は、絶対に空白にしてはいけません。行の最後のマスの後に分かち書きをすべき時は、行の最後の余白に✓印をして、次の行の始めは空けません。✓印は省略する場合が多いです。

	하	지	만		요	즘	은		일	이		바	빠	서		매	일		치
지		못	합	니	다	.		그	래	서		보	통		주	말		아	침	에

×|테|니|스| |장|에| |가|서| |한| |시|간|쯤| |테|니|스|

	하	지	만		요	즘	은		일	이		바	빠	서		매	일		치
지		못	합	니	다	.		그	래	서		보	통		주	말		아	침	에	✓

○|테|니|스| |장|에| |가|서| |한| |시|간|쯤| |테|니|스|를|

⑧句読点や文章符号、引用の文章符号も1マスに1つずつ書きます。

| |"|선|생|님|,|안|녕|하|세|요|?|"| | | | | | |

ただし、句点「.」と「"」は同じマスに書きます。

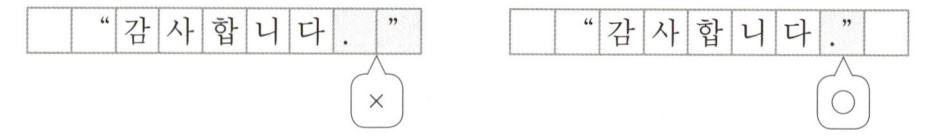

| |"|감|사|합|니|다|.|"| | | |"|감|사|합|니|다|.”|

×（左） ○（右）

⑨その他

▶文章符号「?、!」の後は1マス空けて書きます。

| |안|녕|하|세|요|?| |저|는| |일|본| |사|람|입|니|다|.|
| |멋|있|어|요|!| |정|말|이|에|요|.| | | | | | | |

▶三点リーダー（……）は1マスに3つずつ書きます。また、「……」の後に来る句点「.」は同じマスに入れて書きます。

| |사|실|은|…|….| | | | | | | | | | | | | |

⑩句読点の形にも注意しましょう。英語と同じく、句点「。」は「.」、読点「、」は「,」と書きます。

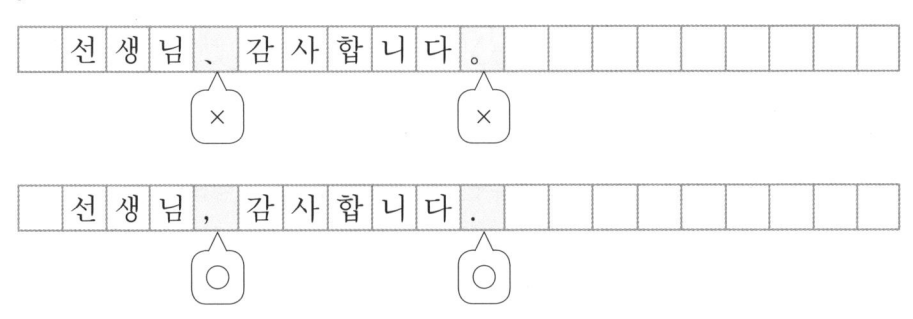

| | 선 | 생 | 님 | 、 | | 감 | 사 | 합 | 니 | 다 | 。 | | | | | |

　　　　　　　　×　　　　　　　　　　×

| | 선 | 생 | 님 | , | | 감 | 사 | 합 | 니 | 다 | . | | | | | |

　　　　　　　　○　　　　　　　　　　○

(2) 分かち書き

①助詞は名詞とくっつけて書きます。
　ex）이것이（これが）　저는（私は）　무엇을（何を）　친구에게（友達に）

②「です（입니다）、します（합니다）」も名詞とくっつけて書きます。
　ex）학생입니다.（学生です。）　공부합니다.（勉強します。）

③名詞を修飾する連体形と名詞は分かち書きをします。
　ex）예쁜 사람（きれいな人）　먹는 것（食べるもの）　배운 단어（習った単語）

④助数詞は分かち書きをします。
　ex）한 개（1個）　두 살（2歳）　세 시（3時）　사 분（4分）　오 년（5年）

⑤否定の副詞「안, 못」は分かち書きをします。
　ex）오늘은 학교에 안 가요.（今日は学校に行きません。）
　　　술은 못 마십니다.（お酒は飲めません。）

3. 原稿用紙の書き方

(3) 原稿用紙に書いてみましょう

次の文章を原稿用紙に書いてみましょう。

【問題】여러분은 누구를 만나고 싶습니까? 그 사람을 왜 만나고 싶습니까? 그 사람을 만나서 무엇을 하고 싶습니까? 여러분이 만나고 싶은 사람에 대해 쓰십시오

> 저는 중학교 때 담임 선생님인 이수진 선생님을 만나고 싶습니다. 이수진 선생님은 모든 학생들을 똑같이 사랑해 주셨습니다. 공부를 못하는 학생에게도 잘하는 학생에게도 선생님은 다 똑같이 친절하셨습니다. 언제나 학생들의 이야기를 들어 주시고 따뜻한 말씀도 많이 해 주셨습니다. 우리들을 아들과 딸처럼 가르쳐 주셨습니다.
>
> 하지만 졸업 후에는 선생님을 만나지 못했습니다. 그래서 다시 선생님을 만나면 옛날 이야기도 하면서 이렇게 말씀 드리고 싶습니다. "선생님, 정말 감사합니다."

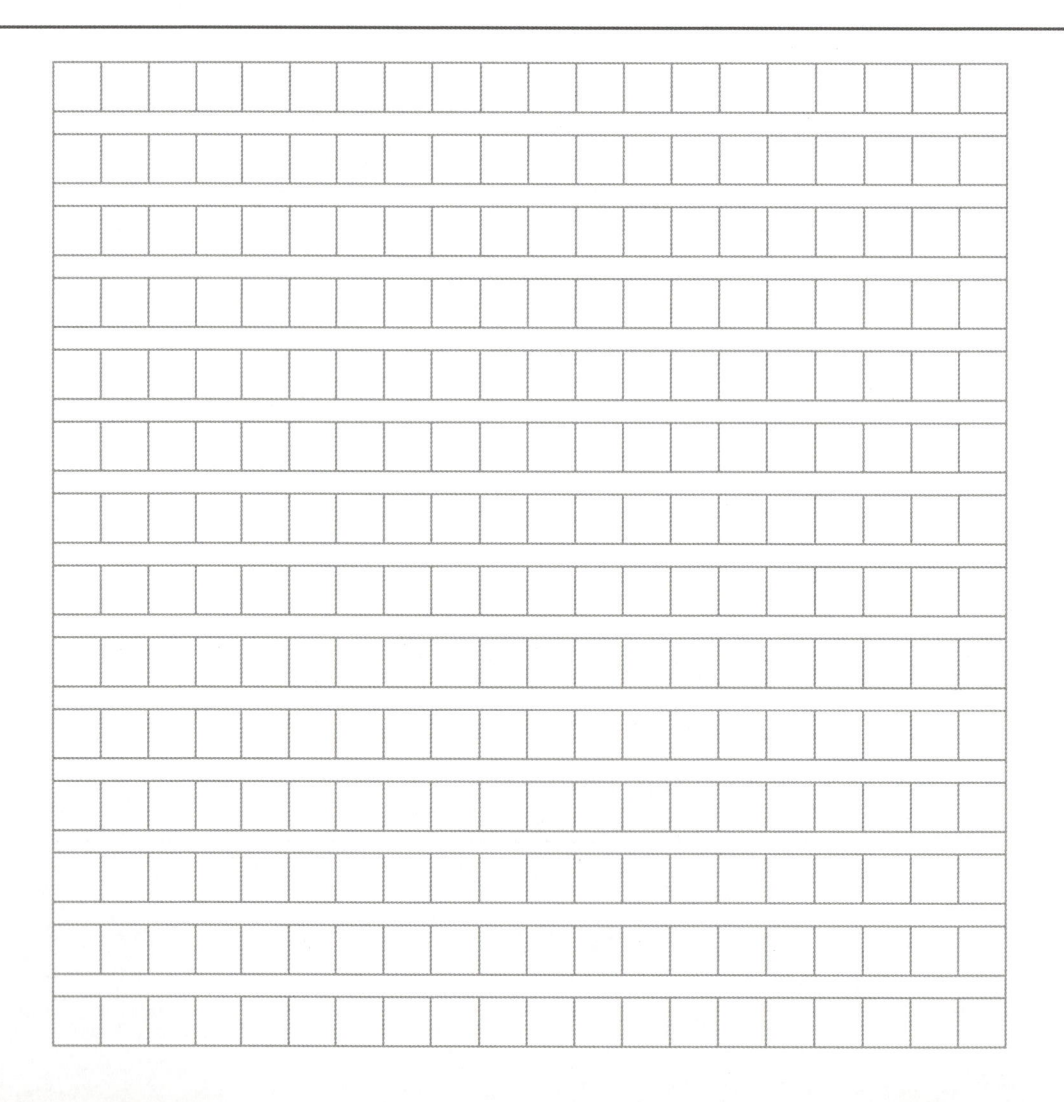

次は左ページの文章を原稿用紙に書いたものです。左ページの原稿用紙に書いたものと比較してみましょう。

　　저는　　중학교　　때　　담임　　선생님인　　이수진　　선생님을　　만나고　　싶습니다. 이수진 선생님은　　모든　　학생들을　　똑같이　　사랑해 주셨습니다. 공부를　　못하는　　학생에게도 잘하는　　학생에게도　　선생님은　　다　　똑같이 친절하셨습니다. 언제나　　학생들의　　이야기 를　　들어　　주시고　　따뜻한　　말씀도　　많이 해　　주셨습니다. 우리들을　　아들과　　딸처럼 가르쳐　　주셨습니다.
　　하지만　　졸업　　후에는　　선생님을　　만나지 못했습니다. 그래서　　다시　　선생님을　　만나 면　　옛날　　이야기도　　하면서　　이렇게　　말씀 드리고　　싶습니다. "선생님, 정말　　감사합 니다."

訳）私は中学校の時の担任の先生のイ・スジン先生に会いたいです。イ・スジン先生はすべての学生を平等に愛してくださいました。勉強ができない学生にもできる学生にも先生はみんなに平等に親切でした。いつも学生の話を聞いてくださって、温かいお話もたくさんしてくださいました。私達を息子と娘のように教えてくださいました。
　けれども、卒業後は先生に会えませんでした。それで、もう一度先生にお会いしたら、昔の話もしながら、このように申し上げたいです。"先生、本当に感謝しています。"

STEP 2

028　1. 名詞 …解答
032　2. 接続詞 …解答
034　3. 副詞 …解答
036　4. 形容詞 …解答
038　5. 動詞 …解答
040　6. 助詞 …解答
042　7. 形容詞の連体形 …解答
　　　　-ㄴ/은（現在形）
044　8. 動詞の連体形 …解答
　　　　-ㄴ/은（過去形），-는（現在形），-ㄹ/을（未来形）
048　9. 連結語尾(1) …解答
052　10. 連結語尾(2) …解答
056　11. 授受動詞 …解答

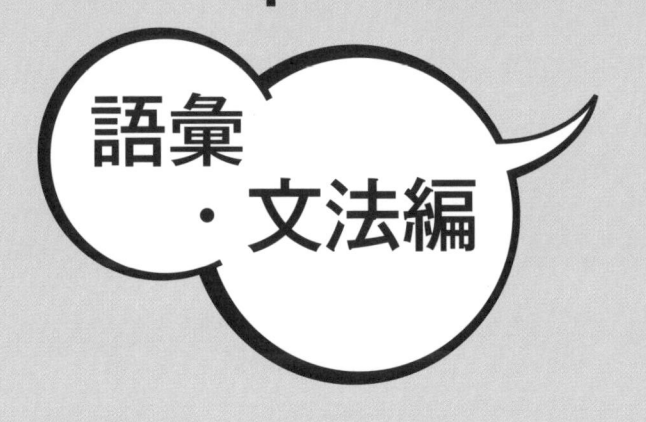

語彙・文法編

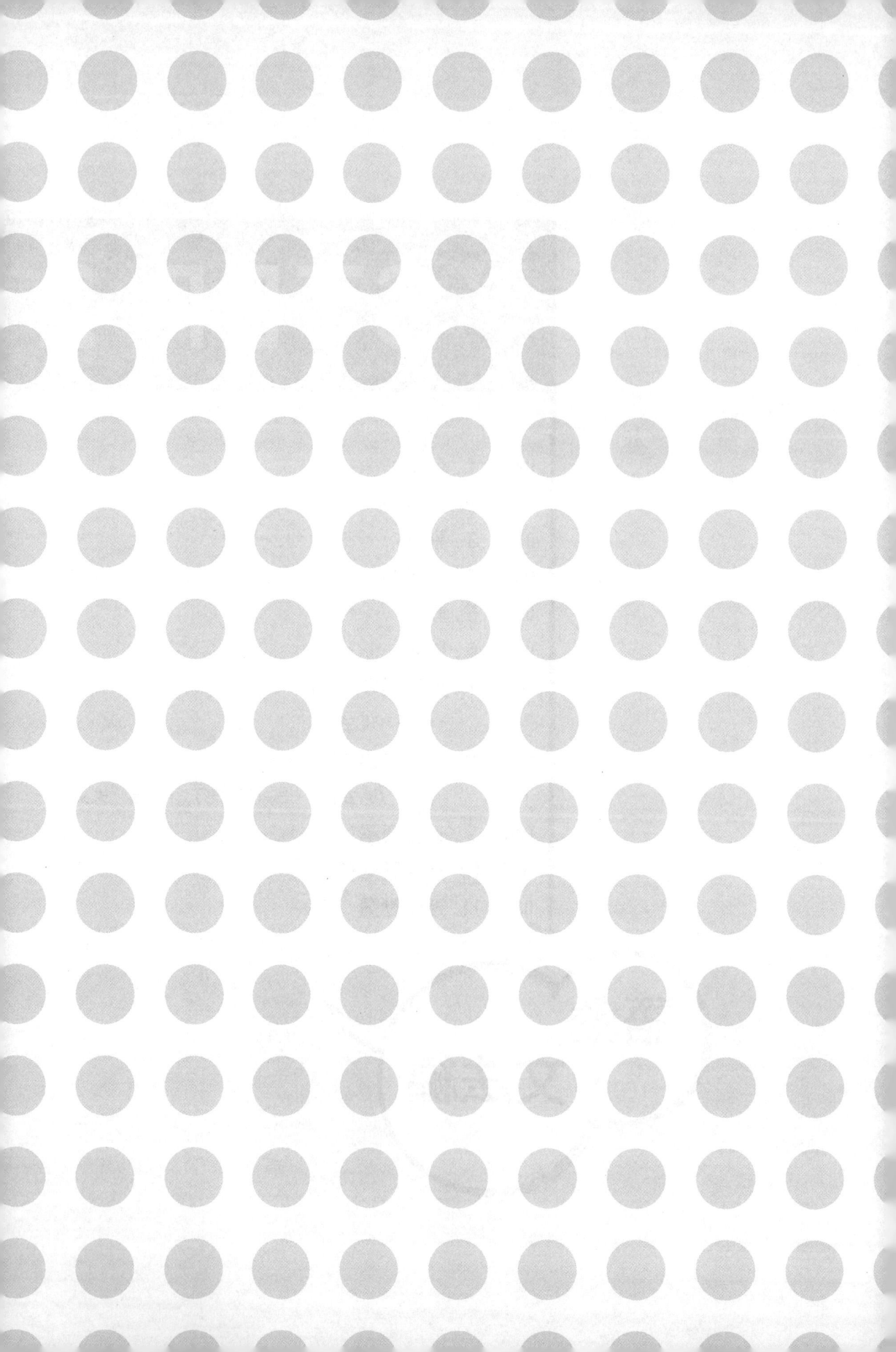

STEP

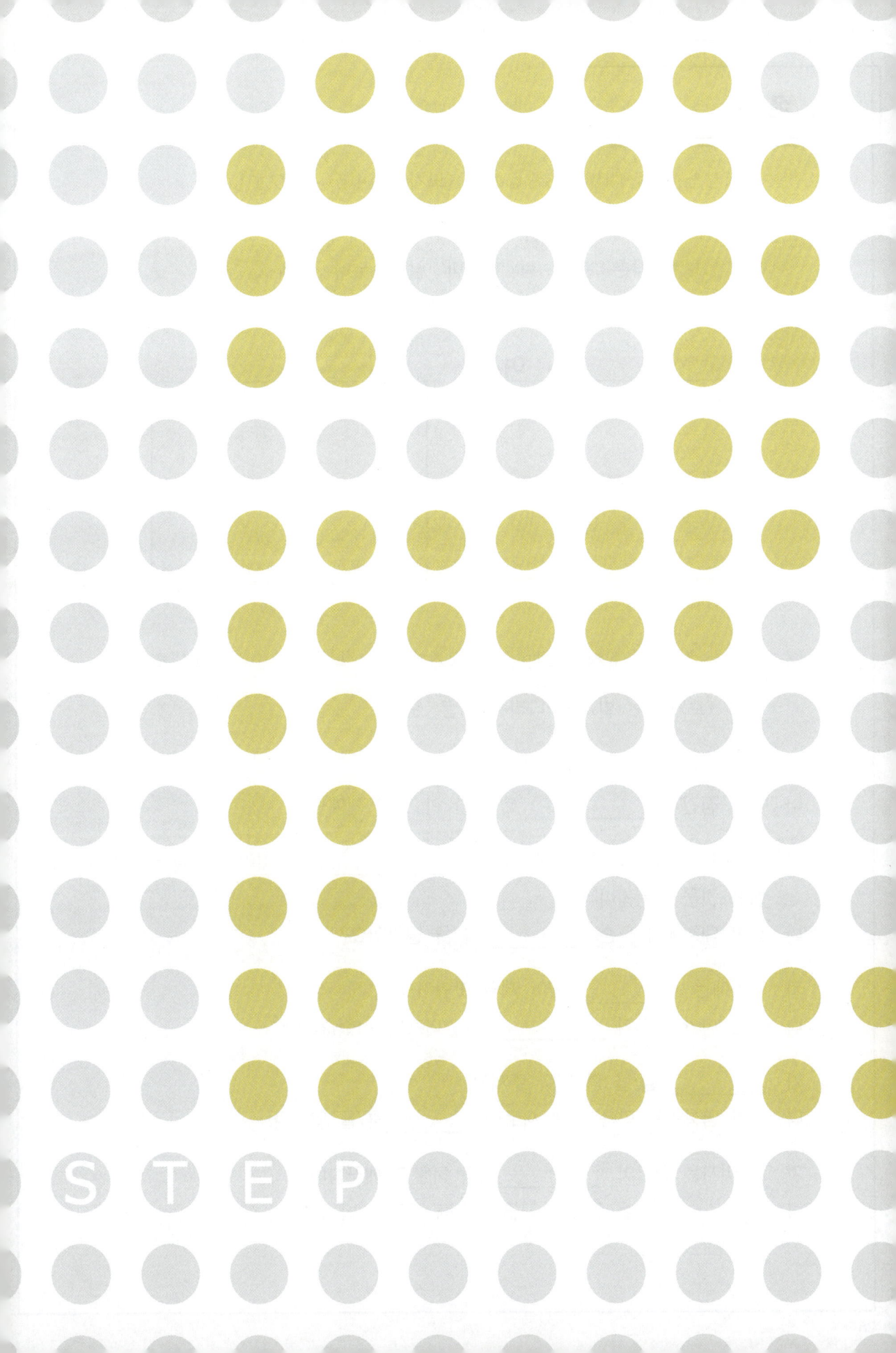

1. 名詞

1. 次に提示した言葉と関係があるものを〈보기〉の中から選びましょう。

> 〈보기〉 아저씨 여동생 할아버지 아들 어머니 딸
> 삼촌 손녀 형 아줌마 남편 누나 오빠
> 언니 손자 남동생 아내 아버지 할머니

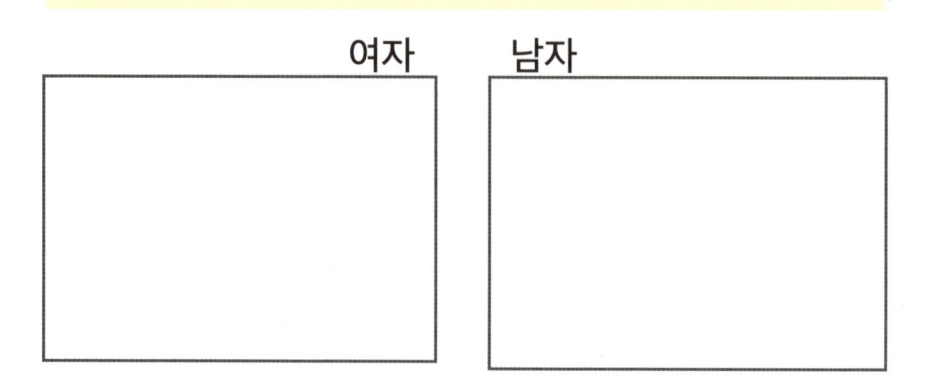

여자

남자

2. 次の文章を読んで、下線部に共通して入る言葉を〈보기〉の中から選びましょう。

> 〈보기〉 눈 발 배 다리 상 문 손

(1) 가 : _____ 가/이 아파서 못 걷겠어요.
　 나 : 새로 생긴 _____(으)로 가면 안 막힐 거예요.

(2) 가 : 한국에서는 아이의 첫 번째 생일 때 _____ 위에 여러 물건을 놓고 아이가 잡는 것을 지켜봅니다.
　 나 : 이번 대회에서 무슨 _____를/을 받았어요?

(3) 가 : 가을에는 _____가/이 제일 맛있어요.
　 나 : 서연 씨가 갑자기 _____가/이 아프다고 했습니다.

(4) 가 : _____를/을 좀 닫아 주세요.
　 나 : 저희 영화관은 다음 달에 새로 _____를/을 엽니다.

(5) 가 : 그 여자는 얼굴이 _____처럼 하얗고 깨끗합니다.
　 나 : _____를/을 감으면 지금도 그때 생각이 납니다.

解答

名詞

1. 여자 (**女性**)　　　　　　　　　남자 (**男性**)

여동생 妹　어머니 母　딸 娘　　　　아저씨 おじさん　할아버지 おじいさん
손녀 孫娘　아줌마 おばさん　　　　아들 息子　삼촌 おじ
누나 (弟から見た) 姉　　　　　　　형 (弟から見た) 兄　남편 夫
언니 (妹から見た) 姉　아내 妻　　　오빠 (妹から見た) 兄　손자 (男の) 孫
할머니 おばあさん　　　　　　　　남동생 弟　아버지 父

2.

〈例〉 눈 目／雪　발 足　배 梨／腹／船　다리 脚／橋　상 賞／お膳
　　　문 ドア／戸　손 手

(1) 다리
　가 : <u>다리가</u>　脚が痛くて歩けません。
　나 : <u>다리로</u>　新しくできた橋で行けば混まないと思います。

(2) 상
　가 : <u>상</u>　韓国では、子供の１回目の誕生日の時、テーブルの上にいろいろなものを並べておいて、子供が手に取るものを見守ります。
　나 : <u>상을</u>　今回の大会でどんな賞をもらいましたか？

(3) 배
　가 : <u>배가</u>　秋は梨が一番美味しいです。
　나 : <u>배가</u>　ソヨンさんがいきなりお腹が痛いと言いました。

(4) 문
　가 : <u>문을</u>　ドアをちょっと閉めてください。
　나 : <u>문을</u>　我が映画館は来月新しくオープンいたします。

(5) 눈
　가 : <u>눈처럼</u>　その女性は顔が雪のように白くてきれいです。
　나 : <u>눈을</u>　目をつぶると今でもその時を思い出します。

1. 名詞

3. 次の文章が説明している言葉を〈보기〉の中から選びましょう。

〈보기〉 포도 콜라 물고기 김치 딸기 커피 바나나 장미

(1) _____
옛날에는 비쌌지만 요즘에는 가격도 싸고 언제나 먹을 수 있습니다. 이것은 길고 노란 과일입니다.

(2) _____
외국 사람들도 이것을 아주 좋아하고 잘 먹습니다. 맵고 빨간 음식입니다.

(3) _____
이것은 까만색인데 햄버거나 피자하고 같이 먹으면 맛있습니다. 달고 맛있는 음료수입니다.

(4) _____
이것은 강이나 바다에 삽니다. 생선하고 같은 의미입니다.

(5) _____
이것은 빨간 꽃입니다. 한국에서는 선물로 많이 주고 받는 꽃입니다.

4. 次の文章が説明している言葉を〈보기〉の中から選びましょう。

〈보기〉 가을 구름 겨울 봄 여름 일기예보

(1) _____
이 때는 조금만 움직여도 아주 더워서 물을 자주 마십니다. 날씨는 덥지만 차가운 수박을 먹을 수 있어서 좋습니다.

(2) _____
시원한 바람이 많이 불고 파란 하늘도 예쁩니다. 단풍도 아름답고 음식도 맛있는 계절입니다.

(3) _____
일년 중에서 가장 따뜻한 계절입니다. 예쁜 꽃이 많이 피고 새 학기가 시작됩니다.

(4) _____
날씨가 춥지만 하얀 눈이 내리면 거리가 아름답습니다. 따뜻한 음식이 먹고 싶어지는 계절입니다.

解答

名詞

3.

〈例〉 포도 ブドウ   콜라 コーラ   물고기 魚   김치 キムチ   딸기 いちご
　　　커피 コーヒー   바나나 バナナ   장미 バラ

(1) 바나나　バナナ

　　昔は高かったけれど、最近は値段も安くいつでも食べられます。これは長くて黄色い果物です。

(2) 김치　キムチ

　　外国の人々もこれがとても好きで、よく食べます。辛くて赤い食べ物です。

(3) 콜라　コーラ

　　これは黒色ですが、ハンバーガーやピザと一緒に食べると美味しいです。甘くておいしい飲み物です。

(4) 물고기　魚

　　これは川や海に住んでいます。생선（生鮮）と同じ意味です。

(5) 장미　バラ

　　これは赤い花です。韓国ではプレゼントとしてよくあげたりもらったりする花です。

4.

〈例〉 가을 秋   구름 雲   겨울 冬   봄 春   여름 夏   일기예보 天気予報

(1) 여름　夏

　　この時期は少し動くだけでもとても暑くて水をよく飲みます。天気は暑いけれど、冷たいスイカを食べることができるので、いいです。

(2) 가을　秋

　　涼しい風がよく吹いて青い空もきれいです。紅葉も美しくて食べ物も美味しい季節です。

(3) 봄　春

　　1年の中で一番暖かい季節です。きれいな花がたくさん咲いて、新学期が始まります。

(4) 겨울　冬

　　天気は寒いけれど、白い雪が降ると街がきれいです。温かい食べ物が食べたくなる季節です。

2. 接続詞

1. 〈보기〉の中から最も適当な接続詞を選んで、□のように２つの文章を１つにまとめましょう。

> 〈보기〉 그래서 그러나 그리고

> 그 사람 말도 맞아요. / 모두의 생각과는 달라요.
> → 그 사람 말도 맞아요. 그렇지만 모두의 생각과는 달라요.

(1) 우리 하숙집은 방이 크고 깨끗해요. / 학교에서도 가까워요.
　→

(2) 어제는 머리가 아팠습니다. / 약을 먹고 일찍 잤습니다.
　→

(3) 약속시간이 한 시간이나 지났다. / 친구는 오지 않는다.
　→

2. 〈보기〉の中から最も適当な接続詞を選んで、□のように２つの文章を１つにまとめましょう。

> 〈보기〉 그런데 왜냐하면 그러니까 그래서

> 낮에는 택시가 빨라요. / 아침에는 지하철이 더 빨라요.
> → 낮에는 택시가 빨라요. 하지만 아침에는 지하철이 더 빨라요.

(1) 시골은 경치가 좋아요. / 교통이 불편해요.
　→

(2) 찬 음식을 많이 먹지 마세요. / 몸에 안 좋으니까요.
　→

(3) 주말에도 회사에서 일을 했습니다. / 지금 너무 피곤합니다.
　→

(4) 지금은 점심시간이에요. / 30분 후에 다시 오세요.
　→

接続詞

1.

〈例〉 그래서　그것으로　그러나　しかし　그리고　そして

> その人の話も正しいです。／みんなの考えとは違います。
> →その人の話も正しいです。けれども、みんなの考えとは違います。

(1) 우리 하숙집은 방이 크고 깨끗해요. 그리고 학교에서도 가까워요.
　私の下宿先は部屋が大きくてきれいです。そして、学校からも近いです。

(2) 어제는 머리가 아팠습니다. 그래서 약을 먹고 일찍 잤습니다.
　昨日は頭が痛かったです。それで、薬を飲んで早く寝ました。

(3) 약속시간이 한 시간이나 지났다. 그러나 친구는 오지 않는다.
　約束の時間が1時間も過ぎた。しかし、友達は来ない。

2.

〈例〉 그런데　ところで／ところが　왜냐하면　なぜならば　그러니까　だから　그래서　それで

> 昼はタクシーの方が速いです。／朝は地下鉄の方がもっと速いです。
> →昼はタクシーの方が速いです。けれども、朝は地下鉄の方がもっと速いです。

(1) 시골은 경치가 좋아요. 그런데 교통이 불편해요.
　田舎は景色がいいです。ところが、交通が不便です。

(2) 찬 음식을 많이 먹지 마세요. 왜냐하면 몸에 안 좋으니까요.
　冷たい食べ物をたくさん食べないでください。なぜならば、身体に悪いからです。

(3) 주말에도 회사에서 일을 했습니다. 그래서 지금 너무 피곤합니다.
　週末も会社で働きました。それで、今、とても疲れています。

(4) 지금은 점심시간이에요. 그러니까 30분 후에 다시 오세요.
　今はお昼の時間です。ですから、30分後に再び来てください。

3. 副詞

1. 次の文章を読んで、下線部に入る適切な語彙を〈보기〉の中から選びましょう。

〈보기〉 가까이 계속 그만 무척 마음대로 반드시 벌써

(1) 남의 물건을 _____ 쓰면 안 됩니다.
(2) 시간도 늦었는데 이제 _____ 합시다.
(3) _____ 연습하면 잘 할 수 있을 거예요.
(4) 부자라고 해서 _____ 행복한 것은 아닙니다.
(5) 멀리 있는 친척보다 _____에 있는 이웃이 낫다.

2. 次の文章を読んで、下線部に入る適切な語彙を〈보기〉の中から選びましょう。

〈보기〉 따로 곧 서로 주로 별로 갑자기 미리

(1) 저는 부모님하고 같이 살지 않습니다. _____ 삽니다.
(2) 주말인데 _____ 사람이 없었습니다.
(3) 두 사람은 _____ 사랑하는 사이입니다.
(4) 지금 _____ 출발할 겁니다.
(5) 주말에는 _____ 친구를 만나거나 쇼핑을 합니다.

3. 次の文章を読んで、下線部に入る適切な語彙を〈보기〉の中から選びましょう。

〈보기〉 이미 특히 방금 새로 항상 푹 자세히

(1) 이번에 _____ 나온 영화 중에서 뭐가 재미있어요?
(2) 저도 지금 _____ 도착했어요.
(3) 휴일이 되면 _____ 공원에 가서 산책을 합니다.
(4) _____ 자고 일어나면 괜찮아질 거예요.
(5) 지금 가도 _____ 늦었습니다.

解答

副詞

1.

〈例〉 가까이 近く　계속 続けて／ずっと　그만 それくらいで　무척 非常に
마음대로 勝手に／好きなように　반드시 必ず　벌써 もう／すでに

(1) 마음대로　人の物を勝手に使ってはいけません。
(2) 그만　時間も遅いので、もうここまでにしましょう。
(3) 계속　続けて練習すれば上手くできると思います。
(4) 반드시　お金持ちだからといって必ず幸せであるわけではありません。
(5) 가까이　遠くにいる親戚より近くにいる隣人の方がましだ。

2.

〈例〉 따로 別々に　곧 すぐ　서로 互いに　주로 主に　별로 あまり
갑자기 いきなり　미리 あらかじめ

(1) 따로　私は両親と一緒に住んでいません。別々に住んでいます。
(2) 별로　週末なのに、あまり人がいませんでした。
(3) 서로　2人は互いに愛し合う仲です。
(4) 곧　今すぐ出発するつもりです。
(5) 주로　週末には主に友達に会ったりショッピングをします。

3.

〈例〉 이미 すでに　특히 特に　방금 たった今　새로 新しく　항상 常に
푹 ぐっすり　자세히 詳しく

(1) 새로　今回新しく公開された映画の中で何が面白いですか？
(2) 방금　私もただ今到着しました。
(3) 항상　休日になるといつも公園に行って散歩をします。
(4) 푹　ぐっすり寝て起きたらよくなるでしょう。
(5) 이미　今行っても、もう遅いです。

4. 形容詞

1. 互いに関連があるもの同士をつなぎましょう。

(1) 낮다 ・　　　　　　　　　・a. 밝다
(2) 가깝다 ・　　　　　　　　・b. 빠르다
(3) 어둡다 ・　　　　　　　　・c. 멀다
(4) 넓다 ・　　　　　　　　　・d. 가볍다
(5) 길다 ・　　　　　　　　　・e. 좁다
(6) 무겁다 ・　　　　　　　　・f. 높다
(7) 느리다 ・　　　　　　　　・g. 짧다

2. 次の文章を読んで、下線部に入る適切な語彙を〈보기〉の中から選びましょう。

〈보기〉 까맣다　노랗다　파랗다　빨갛다　하얗다

(1) 남자 친구한테 _____ 장미를 받았습니다.
(2) _____ 하늘을 보면 기분이 좋아져요.
(3) 어젯밤에 눈이 많이 와서 거리가 _____ 변했습니다.
(4) 한국 사람은 머리 색이 _____.

3. 次の文章を読んで、下線部に入る適切な語彙を〈보기〉の中から選びましょう。

〈보기〉 복잡하다　기쁘다　더럽다　조용하다　부지런하다　다르다
　　　　불편하다

(1) 수업 시간에는 _____ 하세요.
(2) 시골은 교통은 _____지만 공기가 맑고 좋습니다.
(3) 우리 할아버지는 _____아/어서 매일 아침 운동을 하십니다.
(4) _____(으)ㄴ 손으로 눈을 만지면 눈병에 걸리기 쉽습니다.
(5) 저는 여동생하고 얼굴은 비슷한데 성격은 너무 _____.
(6) 주말에는 이쪽 길은 항상 _____.

解答

形容詞

1.
- (1) 낮다　低い — f. 높다　高い
- (2) 가깝다　近い — c. 멀다　遠い
- (3) 어둡다　暗い — a. 밝다　明るい
- (4) 넓다　広い — e. 좁다　狭い
- (5) 길다　長い — g. 짧다　短い
- (6) 무겁다　重い — d. 가볍다　軽い
- (7) 느리다　遅い — b. 빠르다　速い

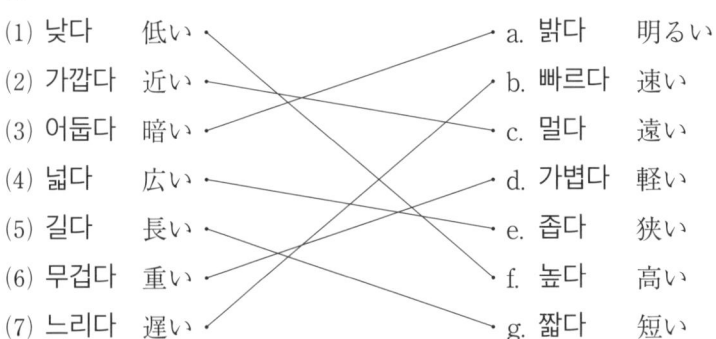

2.

〈例〉 까맣다　黒い　노랗다　黄色い　파랗다　青い　빨갛다　赤い　하얗다　白い

- (1) <u>빨간</u>　彼氏から赤いバラをもらいました。
- (2) <u>파란</u>　青い空を見ると気分がよくなります。
- (3) <u>하얗게</u>　昨夜、雪がたくさん降ったので、街が白く変わりました。
- (4) <u>까맣습니다 (까매요)</u>　韓国人は髪の色が黒いです。

3.

〈例〉 복잡하다　混雑している　기쁘다　嬉しい　더럽다　汚い　조용하다　静かだ
　　　부지런하다　勤勉だ　다르다　異なる　불편하다　不便だ

- (1) <u>조용히</u>　授業時間は静かにしてください。
- (2) <u>불편하지만</u>　田舎は交通は不便ですが、空気が澄んでいてきれいです。
- (3) <u>부지런하셔서</u>　うちのおじいさんは勤勉なので、毎朝運動をしていらっしゃいます。
- (4) <u>더러운</u>　汚い手で目を触ると眼病になりやすいです。
- (5) <u>다릅니다 (달라요)</u>　私は妹と顔は似ているけれど、性格はとても違います。
- (6) <u>복잡합니다 (복잡해요)</u>　週末はこっちの道はいつも混んでいます。

STEP 2. 語彙・文法編　37

5. 動詞

1. 〈보기〉の中から下線部に入る適切な言葉を選んで、文章を完成させましょう。

　　　　　〈보기〉 알다 알리다

(1) 그냥 얼굴만 _____ 오빠예요.
(2) 컴퓨터 사용 방법을 _____아/어 주시면 제가 해 보겠습니다.

　　　　　〈보기〉 바꾸다 바뀌다

(1) 어제 산 옷인데 다른 색으로 _____(으)ㄹ 수 있어요?
(2) 이번주 모임 장소가 _____.

　　　　　〈보기〉 모이다 모으다

(1) 설날에는 가족들과 친척들이 모두 _____아/어서 맛있는 음식을 먹으면서 즐겁게 지냅니다.
(2) 저는 여러 나라의 우표를 _____는 것이 취미예요.

2. 次の文章を読んで、下線部に共通して入る言葉を〈보기〉の中から選びましょう。

　　　　　〈보기〉 나다 들다 세우다 쓰다 오다 돌아가다

(1) 가 : 집에 _____(으)면 제일 먼저 무엇을 합니까?
　　나 : 지금 사거리가 막히니까 _____는 게 좋을 겁니다.
(2) 가 : 여기에 차를 _____(으)면 안 됩니다.
　　나 : 여행 계획은 아직 안 _____.
(3) 가 : 저는 밤에 잠이 안 _____(으)면 따뜻한 우유를 마셔요.
　　나 : 일기예보에서 오후부터 비가 _____고 했습니다.
(4) 가 : 선물이 마음에 _____?
　　나 : 이사 때문에 돈이 많이 _____.
(5) 가 : 여기는 휴게실로 _____고 있어요.
　　나 : 언제부터 안경을 _____?
(6) 가 : 교통 사고가 _____어/아서 길이 막혔어요.
　　나 : 기침이 많이 _____어/아서 잠을 전혀 못 잤습니다.

解答

動詞

1.

〈例〉 알다 知る　알리다 知らせる

(1) <u>아는</u>　ただの顔見知り（年上の男性）です。
(2) <u>알려</u>　コンピュータの使い方を教えていただければ私がやってみます。

〈例〉 바꾸다 変える　바뀌다 変わる

(1) <u>바꿀</u>　昨日買った服ですが、別の色に交換できますか？
(2) <u>바뀌었습니다 (바뀌었어요)</u>　今週の集いの場所が変わりました。

〈例〉 모이다 集まる　모으다 集める

(1) <u>모여서</u>　お正月は家族達や親戚達がみんな集まって、美味しい食べ物を食べながら楽しく過ごします。
(2) <u>모으는</u>　私はいろいろな国の切手を集めるのが趣味です。

2.

〈例〉 나다 出る／生じる　들다 入る／かかる　세우다 立てる／止める
　　　쓰다 使う／かける　오다 来る／降る　돌아가다 帰る／回り道をする

(1) 가：<u>돌아가면</u>　家に帰るとまず最初に何をしますか？
　　나：<u>돌아가는</u>　今、交差点が混んでいるので、迂回した方がいいと思います。
(2) 가：<u>세우면</u>　ここに車を止めてはいけません。
　　나：<u>세웠습니다 (세웠어요)</u>　旅行計画はまだ立てていません。
(3) 가：<u>오면</u>　私は夜眠れなければ温かい牛乳を飲みます。
　　나：<u>온다고</u>　天気予報で午後から雨が降ると言っていました。
(4) 가：<u>드세요 (들어요)</u>　プレゼントが気に入りましたか？
　　나：<u>들었습니다 (들었어요)</u>　引っ越しのために、お金がたくさんかかりました。
(5) 가：<u>쓰고</u>　ここは休憩室として使っています。
　　나：<u>썼습니까 (썼어요)</u>　いつからメガネをかけていますか？
(6) 가：<u>나서</u>　交通事故が起こって道が混みました。
　　나：<u>나서</u>　咳がすごく出て全く眠れませんでした。

6. 助詞

1. 〈보기〉の中から適当な助詞を選んで、下線部に書き入れましょう。

> 〈보기〉 가/이 를/을 에서 부터 에게 하고 에 도 보다
> 께서는

(1) 선생님_____ 아무 말씀도 안 하셨습니다.
(2) 음악회는 몇 시_____ 시작합니까?
(3) 저는 오빠_____ 한 명 있습니다.
(4) 친구하고 내일 극장 앞_____ 만나기로 했어요.
(5) 매일 아침에 커피_____ 마셔요.
(6) 한 개_____ 얼마입니까?
(7) 오늘은 어제_____ 많이 덥네요.

2. 〈보기〉の中から適当な助詞を選んで、下線部に書き入れましょう。

> 〈보기〉 (으)로 는/은 까지 만 께 (이)나 와/과 한테 께서

(1) 길이 막히지만 여기_____ 지나면 괜찮을 거예요.
(2) 한국말_____ 어렵지만 재미있어요.
(3) 사장님_____ 지금 오셨습니다.
(4) 서울역에서 1호선_____ 갈아타세요.
(5) 반 친구들_____ 연락을 해야 합니다.
(6) 몇 시간_____ 기다렸는데도 그녀는 오지 않는다.
(7) 오늘_____ 이 일을 끝내야 합니다.

解答

助詞

1.

〈例〉 가/이 が 를/을 を 에서 (場所) で／(場所) から 부터 (時間) から
에게 (人) に 하고 と 에 (時間・もの・場所) に 도 も 보다 より
께서는 は (는/은の尊敬語)

(1) 선생님<u>께서는</u>　先生は何もおっしゃいませんでした。
(2) 몇 시<u>부터</u>　音楽会は何時から始まりますか？
(3) 오빠<u>가</u>　私は兄が1人います。
(4) 앞<u>에서</u>　友達と明日映画館の前で会うことにしました。
(5) 커피<u>를</u>　毎朝コーヒーを飲みます。
(6) 한 개<u>에</u>　1個、おいくらですか？
(7) 어제<u>보다</u>　今日は昨日よりかなり暑いですね。

2.

〈例〉 (으)로 (変化の結果を表す) 에 는/은 は 까지 まで 만 だけ／사에
께 에 (에게の尊敬語) (이)나 (数量を表す名詞に付いて) 도 와/과 と
한테 (人) に 께서 が (가/이の尊敬語)

(1) 여기<u>만</u>　道が混んでいるけれど、ここさえ過ぎれば大丈夫だと思います。
(2) 한국말<u>은</u>　韓国語は難しいけれど、面白いです。
(3) 사장님<u>께서</u>　社長がただ今、いらっしゃいました。
(4) 1호선<u>으로</u>　ソウル駅で1号線に乗り換えてください。
(5) 친구들<u>한테</u>　クラスの友達に連絡をしなければなりません。
(6) 몇 시간<u>이나</u>　何時間も待ったけれど、彼女は来ない。
(7) 오늘<u>까지</u>　今日までにこの仕事を終わらせなければなりません。

7. 形容詞の連体形 '-ㄴ/은 (現在形)'

1. 〈보기〉のように（　　）の中に適当な連体形を書き入れましょう。

　　　〈보기〉좋다 (いい) ／사람 (人) → 좋은 사람 (いい人)

(1) 크다 (大きい) ／가방 (カバン) →
(2) 길다 (長い) ／머리 (髪) →
(3) 무겁다 (重い) ／짐 (荷物) →
(4) 맛있다 (美味しい) ／음식 (食べ物) →
(5) 달다 (甘い) ／과일 (果物) →
(6) 춥다 (寒い) ／날씨 (天気) →
(7) 간단하다 (簡単だ) ／문제 (問題) →
(8) 재미없다 (面白くない) ／영화 (映画) →
(9) 부지런하다 (勤勉だ) ／사람 (人) →
(10) 짧다 (短い) ／치마 (スカート) →

2. 〈보기〉のように下線部に適当な連体形を書き入れましょう。

　　　〈보기〉_____ 약속이 있어서 나가봐야 합니다.／중요하다 (大事だ)
　　　→ 중요한 약속이 있어서 나가봐야 합니다.
　　　　（大事な約束があって出かけなければならないんですよ）

(1) 전 재미있는 영화보다 _____ 영화를 더 좋아해요.／슬프다 (悲しい)
(2) _____ 문제부터 풀어 보세요.／쉽다 (易しい)
(3) _____ 모자를 하나 사려고 해요.／예쁘다 (きれいだ)
(4) 시간이 별로 없으니까 _____ 곳으로 갑시다.／가깝다 (近い)
(5) 여름 휴가는 _____ 바닷가에서 지낼 거예요.／시원하다 (涼しい)
(6) 산에 가니까 _____ 신발을 신고 오세요.／편하다 (楽だ)
(7) 작고 _____ 가방을 찾는데요.／가볍다 (軽い)
(8) 한국에서 가장 _____ 산은 어디입니까?／높다 (高い)
(9) 꼭 _____ 것만 가지고 오세요.／필요하다 (必要だ)
(10) 이제는 _____ 김치도 잘 먹어요.／맵다 (辛い)

解答

形容詞の連体形

1.
(1) 큰 가방　大きい鞄
(2) 긴 머리　長い髪
(3) 무거운 짐　重い荷物
(4) 맛있는 음식　美味しい食べ物
(5) 단 과일　甘い果物
(6) 추운 날씨　寒い天気
(7) 간단한 문제　簡単な問題
(8) 재미없는 영화　面白くない映画
(9) 부지런한 사람　勤勉な人
(10) 짧은 치마　短いスカート

2.
(1) <u>슬픈</u>　私は面白い映画より悲しい映画の方がもっと好きです。
(2) <u>쉬운</u>　易しい問題から解いてみてください。
(3) <u>예쁜</u>　きれいな帽子を１つ買おうと思います。
(4) <u>가까운</u>　時間があまりないので、近いところへ行きましょう。
(5) <u>시원한</u>　夏の休暇は涼しい海辺で過ごす予定です。
(6) <u>편한</u>　山に行くので、楽な靴を履いてきてください。
(7) <u>가벼운</u>　小さくて軽い鞄を探しているのですが。
(8) <u>높은</u>　韓国で一番高い山はどこですか？
(9) <u>필요한</u>　必ず必要なものだけ持ってきてください。
(10) <u>매운</u>　今は辛いキムチもよく食べます。

8. 動詞の連体形 '-ㄴ/은（過去形）, -는（現在形）, -ㄹ/을（未来形）'

1. 〈보기〉のように適当な連体形を書き入れましょう。

   〈보기〉 어제 영화를 보다／사람 → 어제 영화를 본 사람
   　　　 오늘 영화를 보다／사람 → 오늘 영화를 보는 사람
   　　　 내일 영화를 보다／사람 → 내일 영화를 볼 사람

   (1) 이따가 마시다／커피

   →

   (2) 지난주에 읽다／소설

   →

   (3) 내일 입다／옷

   →

   (4) 아까 팔다／가방

   →

   (5) 앞으로 공부하다／것

   →

   (6) 저기서 지금 노래를 부르다／사람

   →

   (7) 그때 가다／곳

   →

   (8) 현재 부모님이 살다／집

   →

   (9) 내일 하다／일

   →

   (10) 지금 점심을 안 먹다／사람

   →

解答

動詞の連体形

1．

〈例〉　昨日映画を見る／人　→　昨日映画を見た人（過去）
　　　今日映画を見る／人　→　今日映画を見る人（現在）
　　　明日映画を見る／人　→　明日映画を見る人（未来）

(1) あとで飲む／コーヒー
　→이따가 마실 커피　あとで飲むコーヒー（未来）

(2) 先週読む／小説
　→지난주에 읽은 소설　先週読んだ小説（過去）

(3) 明日着る／服
　→내일 입을 옷　明日着る服（未来）

(4) さっき売る／鞄
　→아까 판 가방　さっき売った鞄（過去）

(5) これから勉強する／こと
　→앞으로 공부할 것　これから勉強すること（未来）

(6) あそこで歌を歌う／人
　→저기서 지금 노래를 부르는 사람　あそこで今歌を歌う人（現在）

(7) その時行く／所
　→그때 간 곳　その時行った所

(8) 現在両親が住む／집（家）
　→현재 부모님이 사는 집　現在両親が住む家（現在）

(9) 明日する／仕事・事
　→내일 할 일　明日やるべき事（未来）

(10) 今お昼を食べない／人
　→지금 점심을 안 먹는 사람　今お昼を食べない人（現在）

8. 動詞の連体形 '-ㄴ/은（過去形），-는（現在形），-ㄹ/을（未来形）'

2. 〈보기〉のように下線部に適当な連体形を書き入れましょう。

〈보기〉어제 _____ 영화가 뭐예요? ／보다
→어제 본 영화가 뭐예요?

(1) 아까 선생님하고 _____ 학생을 아세요? ／이야기하다
→

(2) 저기서 담배를 _____ 사람이 누구예요? ／피우다
→

(3) 지금 _____ 오토바이는 작년에 산 거예요. ／타다
→

(4) 주말에 친구하고 _____ 약속이 있어요. ／만나다
→

(5) 다음 주에 _____ 단어를 예습해요. ／배우다
→

(6) 주말에 같이 _____ 사람이 없어요. ／놀다
→

(7) 지난주 생일 파티 때 _____ 친구는 몇 명이에요? ／오다
→

(8) 저는 아름다운 꽃이 많이 _____ 봄을 좋아합니다. ／피다
→

(9) 다음 달부터 _____ 곳이 저기예요. ／살다
→

(10) 이게 여행 가서 _____ 사진이에요. ／찍다
→

動詞の連体形

2.

〈例〉 昨日、＿＿＿＿＿＿ 映画は何ですか？／見る
→昨日見た映画は何ですか？

(1) さっき先生と話した学生をご存じですか？／話す
→이야기한

(2) あそこでタバコを吸っている人は誰ですか？／吸う
→피우는 (피우고 있는)

(3) 今乗っているオートバイは去年買ったものです。／乗る
→타는 (타고 있는)

(4) 週末に友達と会う約束があります。／会う
→만날

(5) 来週に習う単語を予習します。／習う
→배울

(6) 週末に一緒に遊ぶ人がいません。／遊ぶ
→놀

(7) 先週の誕生日パーティーの時に来た友達は何人ですか？／来る
→온

(8) 私は美しい花がたくさん咲く春が好きです。／咲く
→피는

(9) 来月から住む所があそこです。／住む
→살

(10) これが旅行に行って撮った写真です。／撮る
→찍은

9. 連結語尾(1)

1. 〈보기〉の中から適切な表現を選んで、次の2つの文章を1つにまとめましょう。

〈보기〉 -(으)려고 -(으)면 -(으)러 -(으)면서

(1) 졸업하다／회사에 취직할 거예요.

　→

(2) 저녁에 불고기를 만들다／재료를 샀어요.

　→

(3) 음악을 듣다／공부해요.

　→

(4) 내일 같이 영화를 보다／갈까요?

　→

(5) 나중에 한국으로 유학을 가다／한국어를 공부해요.

　→

(6) 예쁜 집을 짓다／초대할게요.

　→

(7) 이번 여름에는 수영을 하다／바다에 갑시다.

　→

(8) 커피를 마시다／친구와 이야기해요.

　→

解答

連結語尾(1)

1.

〈例〉 -(으)려고 ～しようと　-(으)면 ～と、～ば、～たら　-(으)러 ～しに
　　　-(으)면서 ～しながら

(1) 卒業する／会社に就職するつもりです。
　→졸업하면 회사에 취직할 거예요.　卒業したら、会社に就職するつもりです。

(2) 夜、プルコギを作る／材料を買いました。
　→저녁에 불고기를 만들려고 재료를 샀어요.
　　夜、プルコギを作ろうと思って材料を買いました。

(3) 音楽を聴く／勉強します。
　→음악을 들으면서 공부해요.　音楽を聴きながら勉強します。

(4) 明日一緒に映画を見る／行きましょうか？
　→내일 같이 영화를 보러 갈까요?　明日一緒に映画を見に行きましょうか？

(5) 将来、韓国へ留学する／韓国語を勉強します。
　→나중에 한국으로 유학을 가려고 한국어를 공부해요.
　　将来、韓国へ留学しようと思って韓国語を勉強しています。

(6) きれいな家を建てる／招待します。
　→예쁜 집을 지으면 초대할게요.　きれいな家を建てたら招待します。

(7) 今度の夏には泳ぐ／海に行きましょう。
　→이번 여름에는 수영을 하러 바다에 갑시다.　今度の夏には泳ぎに海に行きましょう。

(8) コーヒーを飲む／友達と話します。
　→커피를 마시면서 친구와 이야기해요.　コーヒーを飲みながら友達と話します。

9. 連結語尾(1)

2. 〈보기〉の中から適切な表現を選んで、次の2つの文章を1つにまとめましょう。

〈보기〉 -(으)ㄴ데 -(이)ㄴ데 -는데

(1) 날씨가 춥다／따뜻한 차를 마시러 갑시다.
→

(2) 잘 모르겠다／선생님께 물어 볼까요?
→

(3) 회사원이다／대학원에서 역사를 공부하고 있습니다.
→

(4) 오늘은 시간이 없다／내일 만날래요?
→

(5) 이건 좀 크다／작은 것은 없어요?
→

(6) 저 가게에서 예쁜 모자를 많이 팔다／가 본 적이 있어요?
→

(7) 내일이 시험이다／공부를 전혀 못 했습니다.
→

解答

連結語尾(1)

2.

〈例〉 -(으)ㄴ데（形容詞に付いて）～だが、～のに、～だから
-(이)ㄴ데（名詞に付いて）～だが、～のに、～だから
-는데（動詞、過去形に付いて）～だが、～なのに、～だから

(1) 天気が寒い／温かいお茶を飲みに行きましょう。
→ 날씨가 <u>추운데</u> 따뜻한 차를 마시러 갑시다.
寒いので、温かいお茶を飲みに行きましょう。

(2) よく分からない／先生に聞いてみましょうか？
→ 잘 <u>모르겠는데</u> 선생님께 물어 볼까요?
よく分からないので、先生に聞いてみましょうか？

(3) 会社員だ／大学院で歴史を勉強しています。
→ <u>회사원인데</u> 대학원에서 역사를 공부하고 있습니다.
会社員ですが、大学院で歴史を勉強しています。

(4) 今日は時間がない／明日会いますか？
→ 오늘은 시간이 <u>없는데</u> 내일 만날래요?
今日は時間がないので、明日会いますか？

(5) これは少し大きい／小さいのはありませんか？
→ 이건 좀 <u>큰데</u> 작은 것은 없어요?
これは少し大きいのですが、小さいのはありませんか？

(6) あの店できれいな帽子をたくさん売っている／行ったことがありますか？
→ 저 가게에서 예쁜 모자를 많이 <u>파는데</u> 가 본 적이 있어요?
あの店できれいな帽子をたくさん売っているのですが、行ったことがありますか？

(7) 明日が試験だ／勉強がまったくできませんでした。
→ 내일이 <u>시험인데</u> 공부를 전혀 못 했습니다.
明日が試験なのに、勉強がまったくできませんでした。

10. 連結語尾(2)

1. 〈보기〉の中から適切な表現を選んで文章を完成しましょう。

   〈보기〉 -(이)라서　때문에

(1) 가 : 오늘 백화점에 사람이 많네요.
    나 : 휴일_____ 많은 것 같아요.

(2) 어제 마신 술 _____ 늦잠을 잤습니다.

(3) 가 : 같이 영화 보러 갈래요?
    나 : 미안해요. 내일이 시험_____ 갈 수 없어요.

(4) 시험 공부 _____ 잠을 전혀 못 잤어요.

(5) 오늘이 친구 생일_____ 다 같이 모여서 파티를 할 거예요.

(6) 가 : 왜 어제 학교에 안 왔어요?
    나 : 감기 _____ 아팠어요.

(7) 가 : 지하철 역이 어디에 있어요?
    나 : 미안해요. 저도 처음_____ 잘 모르겠는데요.

(8) 저는 형제가 없고 혼자_____ 좀 외로울 때가 있어요.

(9) 주말에 내린 눈 _____ 길이 많이 막힙니다.

解答

連結語尾(2)

1.

〈例〉 -(이)라서 〜であるので、〜だから　때문에 〜のために（理由）

(1) 가：今日、デパートに人が多いですね。
    나：휴일이라서　休日だから多いと思いますよ。
(2) 술 때문에　昨日飲んだお酒のせいで朝寝坊をしました。
(3) 가：一緒に映画を見に行きましょうか？
    나：시험이라서　ごめんなさい。明日が試験だから行けません。
(4) 공부 때문에　試験勉強のために全然眠れませんでした。
(5) 생일이라서　今日が友達の誕生日なので、みんな一緒に集まってパーティーをするつもりです。
(6) 가：なぜ昨日学校に来ませんでしたか？
    나：감기 때문에 아팠어요.　風邪で具合が悪かったです。
(7) 가：地下鉄の駅はどこにありますか？
    나：처음이라서　すみません。私も初めてなので、よく分かりません。
(8) 혼자라서　私は兄弟がいなくて１人なので、少し寂しい時があります。
(9) 눈 때문에　週末降った雪のせいで、道がかなり混んでいます。

10. 連結語尾 (2)

2. 次は下宿先のルールですが、〈보기〉のようにそれぞれの "-(으)십시오, -지 마십시오" 命令文を（　）中の "-아/어도 되다, -아/어야 되다(하다), -(으)면 안 되다" を使って書き直してみましょう。

> 〈보기〉 하숙집에서는 개나 고양이 등 동물을 키우지 마십시오.
> 　　　　(-(으)면 안 되다)
> → 하숙집에서는 개나 고양이 등 동물을 키우면 안 됩니다.

(1) 방에서 술을 마시거나 담배를 피우지 마십시오. (-(으)면 안 되다)
　→

(2) 담배를 피우려면 밖에서 피우십시오. (-아/어야 되다)
　→

(3) 같이 사용하는 거실에서 큰 파티를 하지 마십시오. (-(으)면 안 되다)
　→

(4) 친구를 초대해서 차를 마시거나 이야기를 하는 것은 괜찮습니다. (-아/어도 되다)
　→

(5) 거실에서 텔레비전을 보거나 음악을 듣는 것은 괜찮습니다. (-아/어도 되다)
　→

(6) 하지만 밤 12시 이후에는 텔레비전을 보거나 음악을 듣지 마십시오. (-(으)면 안 되다)
　→

(7) 요리는 거실 옆에 있는 부엌에서 하십시오. (-아/어야 되다)
　→

(8) 요리를 한 후에는 꼭 불을 끄십시오. (-아/어야 하다)
　→

(9) 항상 자기 방과 거실, 부엌, 화장실 등 다른 사람들과 같이 사용하는 장소는 깨끗하게 사용하십시오. (-아/어야 하다)
　→

(10) 하숙집에서는 이러한 규칙을 지키십시오. (-아/어야 하다)
　→

連結語尾(2)

2.

〈例〉 下宿では犬や猫など動物を飼わないでください。(～してはいけない)
→下宿では犬や猫など動物を飼ってはいけません。

⑴ 部屋でお酒を飲んだり、タバコを吸わないでください。(～してはいけない)
→방에서 술을 마시거나 담배를 피우면 안 됩니다.
部屋でお酒を飲んだり、タバコを吸ってはいけません。

⑵ タバコを吸うなら外で吸ってください。(～しなければならない)
→담배를 피우려면 밖에서 피워야 됩니다.
タバコは吸うなら外で吸わなければなりません。

⑶ 一緒に使用するリビングで大きなパーティーをしないでください。(～してはいけない)
→같이 사용하는 거실에서 큰 파티를 하면 안 됩니다.
一緒に使用するリビングで大きなパーティーをしてはいけません。

⑷ 友達を招待してお茶を飲んだり話をするのは大丈夫です。(～してもいい)
→친구를 초대해서 차를 마시거나 이야기를 해도 됩니다.
友達を招待してお茶を飲んだり話をしてもいいです。

⑸ リビングでテレビを見たり音楽を聞くのは大丈夫です。(～してもいい)
→거실에서 텔레비전을 보거나 음악을 들어도 됩니다.
リビングでテレビを見たり音楽を聴いてもいいです。

⑹ しかし、夜の12時以降にはテレビを見たり音楽を聴かないでください。(～してはいけない)
→하지만 밤 12시 이후에는 텔레비전을 보거나 음악을 들으면 안 됩니다.
しかし、夜の12時以降にはテレビを見たり音楽を聴いてはいけません。

⑺ 料理はリビングの横にある台所でしてください。(～しなければならない)
→요리는 거실 옆에 있는 부엌에서 해야 됩니다.
料理はリビングの横にある台所でしなければなりません。

⑻ 料理をした後は必ず火を止めてください。(～しなければならない)
→요리를 한 후에는 꼭 불을 꺼야 합니다.
料理をした後は必ず火を止めなければなりません。

⑼ いつも自分の部屋とリビング、台所、トイレなど他人と一緒に使う場所はきれいに使ってください。(～しなければならない)
→항상 자기 방과 거실, 부엌, 화장실 등 다른 사람들과 같이 사용하는 장소는 깨끗하게 사용해야 합니다. いつも自分の部屋とリビング、台所、トイレなど他人と一緒に使う場所はきれいに使わなければなりません。

⑽ 下宿ではこのような規則を守ってください。(～しなければならない)
→하숙집에서는 이러한 규칙을 지켜야 합니다.
下宿ではこのような規則を守らなければなりません。

11. 授受動詞

1. 下線部に "-아/어 주다" を使って文章を完成しましょう。

(1) 저는 1년 전부터 한국어 교실에 다닙니다. 선생님이 네 분 계시는데 김 선생님이 우리들에게 한국어를 _____.

(2) 어제 기무라 씨 집에 놀러 갔어요. 기무라 씨는 한국 요리를 잘 만들어요. 어제는 기무라 씨가 잡채를 _____.

(3) 며칠 전에 저는 친구에게서 그림 엽서를 받았습니다. 친구는 작년에 한국에 유학을 갔습니다. 친구는 저에게 가끔씩 예쁜 그림 엽서를 _____.

(4) 지난 휴가 때 한국에 여행을 갔다 왔어요. 제 가방이 아주 크고 무거웠는데 지하철역 계단을 올라갈 때 어떤 한국 사람이 제 가방을 _____.

(5) 주말에 백화점에서 치마를 하나 샀습니다. 집에 와서 입어 보았는데 좀 작았습니다. 그래서 오늘 옷을 바꾸러 갔습니다. 점원은 친절하게 옷을 _____.

解答

授受動詞

1.

(1) 가르쳐 주십니다

　私は１年前から韓国語教室に通っています。先生が４人いらっしゃるのですが、金先生が私達に韓国語を教えてくださいます。

(2) 만들어 줬어요 (주었어요)

　昨日、木村さんの家に遊びに行きました。木村さんは韓国料理を作るのが得意です。昨日は木村さんがチャプチェを作ってくれました。

(3) 보내 줍니다

　数日前に私は友達から絵葉書をもらいました。友達は去年韓国に留学に行きました。友達は私に時々きれいな絵葉書を送ってくれます。

(4) 들어 줬어요 (들어 주었어요)

　この間の休暇の時、韓国旅行に行ってきました。私の鞄がとても大きくて重かったのですが、地下鉄駅の階段を上がる時、ある韓国人が私の鞄を持ってくれました。

(5) 바꾸어 줬습니다 (바꿔 주었습니다)

　週末、デパートでスカートを１つ買いました。家に帰ってきて穿いてみたのですが、少し小さかったです。それで、今日服を交換しに行きました。店員は親切に服を交換してくれました。

11. 授受動詞

2. 次の文章は「딸」の立場から書いた文章ですが、「어머니」の立場になって文章を書き直してみましょう。

>   지난 주 일요일은 ①어머니 생신이었습니다. 우리 가족은 다 같이 ②아버지가 예약한 멋있는 레스토랑에 가서 저녁을 먹었습니다. 저녁을 먹기 전에 우리 가족은 케이크에 불을 켜고 다 같이 ③어머니께 생일 축하 노래를 ④불러 드렸습니다. 저는 ⑤어머니께 안경을 ⑥사 드렸습니다. 여동생은 편지하고 장갑을 ⑦선물해 드렸습니다. ⑧아버지는 ⑨어머니께 예쁜 장미꽃하고 지갑을 ⑩선물하셨습니다. ⑪어머니께서는 무척 ⑫기뻐하셨습니다.

⬇

>   지난 주 일요일은 ①_____이었습니다. 우리 가족은 다 같이 ②_____가/이 예약한 멋있는 레스토랑에 가서 저녁을 먹었습니다. 저녁을 먹기 전에 우리 가족은 케이크에 불을 켜고 다 같이 ③_____에게 생일 축하 노래를 ④_____. 첫째 딸은 ⑤_____에게 안경을 ⑥_____. 둘째 딸은 편지하고 장갑을 ⑦_____. ⑧_____는/은 ⑨_____에게 예쁜 장미꽃하고 지갑을 ⑩_____. ⑪_____는/은 무척 ⑫_____.

解答

授受動詞

2.

　先週の日曜日は①母の誕生日でした。うちの家族はみんな一緒に②父が予約した素敵なレストランに行って夕食を食べました。夕食を食べる前にうちの家族はケーキに火をつけてみんな一緒に③母に誕生日のお祝い歌を④歌って差し上げました。私は⑤母にメガネを⑥買って差し上げました。妹は手紙と手袋を⑦プレゼントして差し上げました。⑧父は⑨母にきれいなバラと財布を⑩プレゼントしました。⑪母はとても⑫喜んでいらっしゃいました。

↓

　先週の日曜日は①私の誕生日でした。うちの家族はみんな一緒に②夫が予約した素敵なレストランに行って夕食を食べました。夕食を食べる前にうちの家族はケーキに火をつけてみんな一緒に③私に誕生日のお祝い歌を④歌ってくれました。長女は⑤私にメガネを⑥買ってくれました。次女は手紙と手袋を⑦プレゼントしてくれました。⑧夫は⑨私にきれいなバラと財布を⑩プレゼントしてくれました。⑪私はとても⑫嬉しかったです。

①제 생일(내 생일), ②남편이, ③저(나)에게, ④불러 주었습니다, ⑤저(나)에게, ⑥사 주었습니다, ⑦선물해 주었습니다, ⑧남편은, ⑨저(나)에게, ⑩선물해 주었습니다, ⑪저(나)는, ⑫기뻤습니다

STEP 3

作文・読解編

- 063　1．自己紹介
- 081　2．家族紹介
- 099　3．自分の得意なこと
- 117　4．住みたい所
- 135　5．会いたい人
- 153　6．旅行
- 171　7．好きな場所・よく行く場所
- 189　8．趣味
- 207　9．好きな友達
- 225　10．今年の抱負
- 243　11．時間があったらしたいこと
- 261　12．好きな季節
- 279　13．週末の過ごし方
- 297　14．もらいたいプレゼント

S T E P 4

1. 自己紹介

STEP 3

064	**作文例を見てみましょう（1）**	
	Point	
066	**作文例を見てみましょう（2）**	
	Point	
068	**間違いを探しましょう**…解答	
070	**作文を読んでみましょう（1）**…解答	
072	**作文を読んでみましょう（2）**…解答	
074	**作文の前にウォーミングアップ**…解答	
077	**語彙力をアップしましょう**	
	基本語彙と表現	
	使える語彙と表現	
078	**作文を書いてみましょう**	
	（1）マインドマップを描きましょう	
	（2）作文を書いてみましょう	
080	**私だけのメモ帳**	

作文例を見てみましょう（1）

例1.　이름이 무엇입니까? 어느 나라 사람입니까? 무슨 일을 합니까? 취미는 무엇입니까? 자기소개를 하십시오.

　　　お名前は何ですか？どこの国の人ですか？どんな仕事をしていますか？趣味は何ですか？自己紹介をしてください。

		저	는		와	다	요	시	코	라	고		합	니	15
다	.		일	본		사	람	입	니	다	.		그	리	고	30
결	혼	은		①하	지		않	습	니	다	.		저	는	45
빵	을		만	드	는		것	을		좋	아	해	서	60
3	년		전	까	지		②요	리		교	실	에		빵	75
을		만	드	는		것	을		가	르	쳤	습	니	다	.	90
지	금	은		③회	사	에	서		다	니	고		있	습	105
니	다	.		한	국	어		공	부	는		한	국		노	120
래	를		좋	아	해	서		시	작	하	게		되	었	135
습	니	다	.		저	는		취	미	도		많	고		좋	150
아	하	는		것	도		많	습	니	다	.		외	국	어	165
공	부	,		여	행	,		영	화	감	상	,		음	악	감	상	,	180
낚	시	,	☆요	리		등		여	러		가	지		취	미	195
를		가	지	고		있	습	니	다	.		하	지	만	,	210
요	즘	에	는		한	국	어		공	부	가		제	일	225
재	미	있	어	서		다	른		취	미	생	활	을	240
별	로		못		합	니	다	.							255

64

POINT

分かち書き

☆ 요리등（×）→ 요리 ˅ 등（○）　料理など

依存名詞「등（等、など）」は前の名詞と空けて書きます。
ex) 쥐, 개, 소, 말 등　ネズミ、犬、牛、馬など
　　한국, 일본, 중국, 미국 등　韓国、日本、中国、アメリカなど

語彙・文法

① 하지 않습니다（×）→ 하지 않았습니다（○）　していません

「結婚はしていません」のように「～していない」という状態を表す場合、韓国語では過去形「-지 않았다」または「안 -았/었다」を使います。
ex) 보지 않았어요. ＝ 안 봤어요.　見ていません、見ませんでした。
　　먹지 않았어요. ＝ 안 먹었어요.　食べていません、食べませんでした。

② 요리 교실에（×）→ 요리 교실에서（○）　料理教室で

「요리교실에 가요（料理教室に行きます）」のように「（場所）に」は助詞「에」を使いますが、「요리교실에서（料理教室で）」のように場所「で」は助詞「-에서」を使います。
ex) 한국에서 살았어요.　韓国で暮らしました。
　　한국에 가요.　韓国に行きます。

③ 회사에서（×）→ 회사에（○）　会社に

「회사에서 일하고 있습니다（会社で働いています）」のように場所「で」は助詞「-에서」を使いますが、「회사에 다니다（会社に勤める）」のように「（場所）に」は助詞「에」を使います。
ex) 도서관에 가요.　図書館に行きます。
　　도서관에서 공부해요.　図書館で勉強します。

作文例を見てみましょう (2)

例2.　이름이 무엇입니까? 어느 나라 사람입니까? 무슨 일을 합니까? 취미는 무엇입니까? 자기소개를 하십시오.

　　　お名前は何ですか？どこの国の人ですか？どんな仕事をしていますか？趣味は何ですか？自己紹介をしてください。

안녕하세요? 저는 다나카 신이치라고 해요. 일본 사람이고 회사원이에요. 한국말을 배운 지 이 년 됐어요. 한국어는 일본어하고 ①닮았지만, 발음이 아주 ②어려워요. 저는 한국 드라마를 아주 좋아해서 한국어 공부를 시작했어요. 그런데 최근에는 일이 바빠서 평일에는 드라마를 볼 시간이 없어요. 그래서 주말에는 주로 집에서 한국 드라마를 봐요. 그리고 저는 여행도 좋아해요. 긴 방학을 ③받으면 한국의 지방도 시하고 시골에 여행을 가고 싶어요. 혼자서 천천히 여러 곳을 구경하고 싶어요.

POINT

分かち書き

☆ 다나카 신이치라고해요（×） → 다나카 신이치라고 ˅ 해요（○）　田中真一といいます

　「-(이)라고 합니다（〜といいます）」の「-(이)라고」と「합니다」の間は空けて書きます。直前に来る名詞にパッチムがない場合は「-라고 합니다」、パッチムがある場合は「-이라고 합니다」です。また、日本人や外国人の名前を書く時は、苗字と名前の間も空けて書きます（p.299参照）。
　　　ex）저는 스즈키 마리라고 합니다.　私は鈴木まりといいます。
　　　　　저는 다나카 준이라고 합니다.　私は田中ジュンといいます。

語彙・文法

① 닮았지만（×） → 비슷하지만（○）　似ているけれど

　「似る」は「닮다, 비슷하다」ですが、「비슷하다」が制限なく幅広く使われるのに対し、「닮다」は主に容姿や性格、癖などが人に似ている場合に使います。また、「〜に似ている」は「-를/을 닮았다」ですが、「-를/을 비슷하다（×）」とはいいません。一方、似ている部分を取り上げる時は「-와/과(하고) -가/이 닮았다/비슷하다（〜と〜が似ている）」といいます。「닮다, 비슷하다」は一緒に使われる助詞や時制が違います。
　　　ex）저는 아버지를 [닮았어요（○）/비슷해요（×）].　私は父に似ています。
　　　　　어머니하고 얼굴이 [닮았어요（○）/비슷해요（○）].　母と顔が似ています。
　　　　　이것하고 색이 [비슷해요（○）/닮았어요（×）].　これと色が似ています。

② 어렵어요（×） → 어려워요（○）　難しいです

　「어렵다（難しい）」はㅂ不規則用言なので、母音で始まる語尾の前でㅂが우に変わります。ただし、「좁다（狭い）, 입다（着る）, 잡다（握る）, 씹다（噛む）」などは規則用言なので、「좁아요（狭いです）, 입어서（着て）」などとなります（p.301参照）。
　　　ex）어둡다　暗い　　→　어두워요　暗いです　　어두워서　暗くて
　　　　　뜨겁다　熱いです　→　뜨거워요　熱いです　　뜨거워서　熱くて

③ 방학을（×） → 휴가를（○）　休暇を

　「休み」は「방학」または「휴가」といいますが、「방학」は学校の休みを指します。ここでは会社員の休みなので、「휴가」が正しいです。

間違いを探しましょう

次の文章の間違いを探し、適切な表現に直しなさい。

(1) 오후에는 은행에서 통장을 만들러 가야 해요.
　　_____

(2) 저도 저녁을 먹지 않는데, 같이 먹으러 갈래요?
　　_____

(3) 빨래는 했는데 청소는 아직 안 해요.
　　_____

(4) 요즘 주말마다 요가 교실에서 다니고 있어요.
　　_____

(5) 색깔은 비슷하지만, 디자인은 전혀 안 닮았어요.
　　_____

(6) 이 김치는 좀 매우지만, 먹을 수 있어요.
　　_____

(7) 이번 겨울 방학 때는 회사 친구들하고 같이 온천에 갈 겁니다.
　　_____

解答

(1) 은행에서 → 은행에　午後には銀行に通帳を作りに行かなければなりません。
[Hint]「-에서」は場所を示す助詞「で」です。ここでは「(場所) に〜をしに行く」という表現なので、助詞「-에 (に)」を使います。「은행에서 통장을 만들어요 (銀行で通帳を作ります)」ならOKです。

(2) 먹지 않는데 → 먹지 않았는데　私も晩ご飯を食べていないのですが、一緒に食べに行きますか？
[Hint]「〜していない」という状態を表す場合に韓国語では過去形「-지 않았다」または「안 - 았/었다」を使います。

(3) 해요 → 했어요　洗濯はしたけれど、掃除はまだしていません。
[Hint]「〜していない」という状態を表す場合に韓国語では過去形「-지 않았다」または「안 - 았/었다」を使います。

(4) 요가 교실에서 → 요가 교실에　最近、週末ごとにヨガ教室に通っています。
[Hint]「-에서」は場所を示す助詞「で」なので、ここでは助詞「-에 (に)」を使います。

(5) 닮았어요 → 비슷해요　色は似ているけれど、デザインは全然似ていません。
[Hint]「似る」は「닮다, 비슷하다」ですが、「비슷하다」が制限なく幅広く使われるのに対し、「닮다」は主に容姿や性格、癖などが人に似ている場合に使います。

(6) 매우지만 → 맵지만　このキムチは少し辛いけれど、食べられます。
[Hint]「맵다 (難しい)」はㅂ不規則用言なので、「매우면 (辛ければ), 매워요 (辛いです)」のように母音で始まる語尾の前でㅂが우に変わりますが、それ以外ではㅂは우に変わりません。

(7) 방학 → 휴가　今度の冬の休暇の時は会社の友人たちと一緒に温泉に行くつもりです。
[Hint] 学校の休みは「방학」、会社員の休みは「휴가 (休暇)」です。

作文を読んでみましょう（1）

次の文章を読んで、質問に答えなさい。

> 안녕하십니까? 처음 뵙겠습니다. 저는 사이토 레이코라고 합니다. 일본 사람이고 기자입니다. 한국 친구하고 한국말로 이야기하고 싶어서 삼 년 전부터 한국어를 공부하고 있습니다. 한국어는 재미있지만, 발음이 좀 ㉠어렵습니다.
>
> 　저는 고양이를 ㉡아주 좋아해서 옛날에는 고양이를 아홉 마리나 길렀습니다. 그때는 정말 행복했습니다. ㉢_____ 지금은 고양이가 없어서 너무 외롭습니다. ㉣_____ 다시 고양이를 기르고 싶습니다.

(1) 本文を読み、次の①～③が本文の内容と同じ時は○、異なる時には×をつけなさい。
　①저는 한국 친구하고 일본어로 이야기를 합니다. (　　)
　②한국어는 발음이 어려워서 재미있습니다. (　　)
　③앞으로 고양이를 기르지 않을 겁니다. (　　)

(2) ㉡と同じ意味のものを本文の中から探しなさい。

(3) ㉠と反対の意味のものを次の①～④から選びなさい。
　①쉽니다　　②덥습니다　　③쉽습니다　　④어둡습니다

(4) ㉢と㉣に最も適切な接続詞を入れなさい。
　㉢ _____
　㉣ _____

(5) 次の質問に韓国語で答えなさい。
　①이 사람은 무슨 일을 합니까?
　(　　　　　　　　　　　　　　　　　　　　　　　　　　　　)
　②이 사람은 왜 한국어 공부를 시작했습니까?
　(　　　　　　　　　　　　　　　　　　　　　　　　　　　　)

解答

> 　　こんにちは。初めまして。私は斎藤れい子といいます。日本人で記者です。韓国人の友達と韓国語で話したくて、3年前から韓国語を勉強しています。韓国語は面白いけれど、発音が少し㋐難しいです。
> 　　私は猫が㋑とても好きで、昔は猫を9匹も飼っていました。その時は本当に幸せでした。㋒＿＿＿、今は猫がいなくてとてもさびしいです。㋓＿＿＿、もう一度猫を飼いたいです。

(1)
①私は韓国人の友達と日本語で話をします。（×）
②韓国語は発音が難しくて面白いです。（×）
③これから猫を飼わないつもりです。（×）

(2) 너무　 とても

(3) ③쉽습니다
①쉽니다　휴みます　　②덥습니다　遠いです
③쉽습니다　簡単です　④어둡습니다　暗いです

(4) ㋒ 하지만　 けれども／그런데　ところで
㋓ 그래서　 それで

(5)
①この人はどんな仕事をしていますか？
기자입니다.　記者です。

②この人はなぜ韓国語の勉強を始めましたか？
한국 친구하고 한국말로 이야기하고 싶어서 시작했습니다.　韓国人の友達と韓国語で話したくて始めました。

STEP 3. 作文・読解編　1. 自己紹介　71

作文を読んでみましょう (2)

次の文章を読んで、質問に答えなさい。

> 제 이름은 기무라 준코예요. 일본 사람이고 쉰여섯 살이에요. 저는 주부인데 회사에서 오전에 아르바이트를 해요. 요코하마에서 태어났는데 지금은 사이타마에 살고 있어요. ㉠_____는/은 남편과 딸과 아들이 있는데 아들은 같이 살지 않아요. 부모님은 요코하마에서 살고 계셔서 ㉡가끔 부모님 댁에 가요. 하지만, 멀어서 자주 가지는 못해요. 제 취미는 독서하고 영화를 보는 것인데 한국 영화를 자막 없이 보고 싶어서 한국어를 배우기 시작했어요. ㉢요즘은 한국어를 배우는 것도 아주 즐거워요.

(1) 本文を読み、次の①〜③が本文の内容と同じ時は○、異なる時には×をつけなさい。
　①제 나이는 57살입니다. (　　)
　②저는 회사원이라서 오전에 아르바이트를 합니다. (　　)
　③저는 부모님하고 따로 삽니다. (　　)

(2) ㉠に「저」以外の最も適切な語彙を入れなさい。
　㉠_____

(3) ㉡と反対の意味のものを次の①〜④から選びなさい。
　①모두　　②미리　　③이따가　　④자주

(4) ㉢と同じ意味のものを次の①〜④から選びなさい。
　①아까　　②최근　　③정말　　④보통

(5) 次の質問に韓国語で答えなさい。
　①이 사람의 고향은 어디입니까?
　(　　　　　　　　　　　　　　　　　　　　　)
　②이 사람은 지금 누구하고 같이 삽니까?
　(　　　　　　　　　　　　　　　　　　　　　)

解答

> 　私の名前は木村順子です。日本人で56歳です。私は主婦ですが、会社で午前中、アルバイトをしています。横浜で生まれましたが、今は埼玉に住んでいます。㉠_____は夫と娘と息子がいますが、息子は一緒に住んでいません。両親は横浜に住んでいるので、㉡時々実家に行きます。けれども、遠くて頻繁に行くことはできません。私の趣味は読書と映画を見ることですが、韓国映画を字幕なしで見たくて、韓国語を習い始めました。㉢最近は韓国語を習うこともとても楽しいです。

(1)
　①私の年齢は57歳です。（×）
　②私は会社員なので、午前中アルバイトをします。（×）
　③私は両親と別々に住んでいます。（○）

(2)　㉠ 가족　家族

(3)　④자주
　①모두　みんな　　②미리　あらかじめ　　③이따가　あとで　　④자주　しばしば

(4)　②최근
　①아까　さっき　　②최근　最近　　③정말　本当に　　④보통　普通

(5)
　①この人の故郷はどこですか？
　　요코하마입니다.　横浜です。

　②この人は今、誰と住んでいますか？
　　남편과 딸과 같이 삽니다.　夫と娘と一緒に住んでいます。

作文の前にウォーミングアップ

1. 次の単語や語句を並び替えて、文章を完成させなさい。

(1) 라고 이름 제 합니다 김지후 은

→ _____

(2) 는 사람 저 입니다 한국

→ _____

(3) 예요 은 직업 교사 제

→ _____

(4) 는 수영 저 잘해요 을

→ _____

(5) 시작했습니다 공부 를 한국어 을 좋아해서 한국

→ _____

2. 次の質問に韓国語で答えなさい。

(1) 이름이 무엇입니까?

(2) 어느 나라 사람입니까?

(3) 직업이 무엇입니까?

(4) 취미가 무엇입니까?

(5) 무엇을 잘합니까? 또 무엇을 못합니까?

(6) 왜 한국어 공부를 시작했습니까?

解答

1.
(1) 제 이름은 김지후라고 합니다.　私の名前はキム・ジフといいます。
(2) 저는 한국 사람입니다.　私は韓国人です。
(3) 제 직업은 교사예요.　私の職業は教師です。
(4) 저는 수영을 잘해요.　私は水泳が得意です。
(5) 한국을 좋아해서 한국어 공부를 시작했습니다.　韓国が好きで韓国語の勉強を始めました。

2.
(1) お名前は何ですか？
[Hint]「제 이름은 –입니다 (私の名前は～です), 저는 –(이)라고 합니다 (私は～といいます)」などを使うことができます。

(2) どこの国の人ですか？

(3) 職業は何ですか？
[Hint]「제 직업은 –입니다 (私の職業は～です), 저는 –입니다 (私は～です)」などを使うことができます。

(4) 趣味は何ですか？
[Hint]「제 취미는 –입니다 (私の趣味は～です), 저는 –를/을 좋아해요 (私は～が好きです), 저는 -는 것을 좋아합니다 (私は～するのが好きです)」などを使うことができます。

(5) 何が得意ですか？また、何が下手ですか？

(6) なぜ韓国語の勉強を始めましたか？
[Hint]「–를/을 좋아해서 시작했습니다 (～が好きで始めました), –(으)려고 시작했습니다 (～しようと始めました), 왜냐하면 -기 때문입니다 (なぜならば、～だからです)」などを使うことができます。

語彙力をアップしましょう

基本語彙と表現

일본 사람 日本人		대학생 大学生
주부 主婦	교사 教師	공무원 公務員
가족 家族	취미 趣味	일하다 働く

회사에 다니다 会社に勤めている　　-에/에서 살다 ～に住む、～で暮らす
-(이)라고 합니다/해요 ～といいます　　-는 것을 좋아하다 ～するのが好きだ
-는 것을 싫어하다 ～するのが嫌いだ
한류 스타를 좋아해서/좋아하기 때문에 韓流スターが好きで
한국 영화를 좋아해서/좋아하기 때문에 韓国の映画が好きで
한국어 공부를 시작했다 韓国語の勉強を始めた
시작하게 되었다(됐다) 始めるようになった
한국어를 배운 지 - 년(이) 되다 韓国語を習ってから～年になる

使える語彙と表現

이름 名前	직업 職業	나이 年
직장인 サラリーマン	은행원 銀行員	의사 医者
간호사 看護師		아르바이트 アルバイト
스무 살 20歳	서른 살 30歳	마흔 살 40歳
쉰 살 50歳		예순 살 60歳

사는 곳 住んでいる所　　-에서 태어나다 ～で生まれる
자막없이 보려고 字幕なしで見ようと思って
자막없이 보고 싶어서 字幕なしで見たくて
한국어를 배우기 시작했다 韓国語を習い始めた
-에서 한국어를 배우고 있다 ～で韓国語を習っている

作文を書いてみましょう

※다음을 읽고 150~300자로 글을 쓰십시오(띄어쓰기 포함).
次の問題を読んで、150~300字以内（分かち書きを含む）で文章を書きなさい。

이름이 무엇입니까? 어느 나라 사람입니까? 무슨 일을 합니까? 취미는 무엇입니까? 자기소개를 하십시오.

(1) マインドマップを描きましょう

　まず、自分について書きたいことを思い出しながら、マインドマップを作成しましょう。書いた部分についてもさらに思い出したことがあれば書き足してもいいです。文章ではなく単語や語句で書きましょう。必ず次のポイントが入るように書き、書き終わったら、それぞれのポイントに番号を付けておきましょう。制限時間は15~20分です。

作文ポイント：①あいさつ　②自分の名前　③国籍　④仕事　⑤好きなこと（趣味）
　　　　　　　　⑥韓国語を勉強する理由　⑦今後どうしたいのか

自己紹介

(2) 作文を書いてみましょう

　左のページのマインドマップをもとに作文を書いてみましょう。①から⑦の順番は変えてもいいですが、順番通りに書いていけばうまく書けます。制限時間は35〜40分です。

私だけのメモ帳

次の単語から連想されるものを書いてみましょう。

(1) 国籍

(2) 職業・仕事

私だけのチェックリストを作ってみましょう。

(1) ＿＿＿＿＿＿＿＿

(2) ＿＿＿＿＿＿＿＿

2. 家族紹介

STEP 3

- 082 **作文例を見てみましょう（1）**
  Point
- 084 **作文例を見てみましょう（2）**
  Point
- 086 **間違いを探しましょう**…解答
- 088 **作文を読んでみましょう（1）**…解答
- 090 **作文を読んでみましょう（2）**…解答
- 092 **作文の前にウォーミングアップ**…解答
- 095 **語彙力をアップしましょう**
  基本語彙と表現
  使える語彙と表現
- 096 **作文を書いてみましょう**
  （1）マインドマップを描きましょう
  （2）作文を書いてみましょう
- 098 **私だけのメモ帳**

作文例を見てみましょう（1）

例1. 여러분의 가족은 누가 있습니까? 무슨 일을 합니까? 무엇을 좋아합니까? 여러분의 가족에 대해 쓰십시오.

みなさんの家族には誰がいますか？どんな仕事をしていますか？何が好きですか？みなさんの家族について書きなさい。

　　　우리 가족을 소개하겠습니다. 제 가족은 모두 세 명입니다. 저, 남편, 그리고 딸이 한 명 있습니다. 남편은 공무원인데 취미는 기타입니다. 대학교 친구들하고 밴드 활동을 하면서 음악을 즐기고 있습니다. 딸은 고등학교 ☆3학년입니다. 대학교 시험 준비 때문에 매일 ①자는 시간도 없이 열심히 공부를 ②하겠습니다. 그리고 저는 요리, 청소, 빨래하는 것을 좋아하는 보통 주부입니다. 한국 드라마 보는 것을 아주 좋아합니다. 그래서 집안일을 ③하는 때도 항상 텔레비전을 보면서 합니다.

POINT

分かち書き

☆ 3학년 ∨ 입니다（×）→ 3학년입니다（○）　３年生です

「-입니다（〜です）」は直前の名詞とくっつけて書きます。
　　ex）가족입니다．家族です。　　친척입니다．親戚です。

語彙・文法

① 자는 시간도 없이（×）→ 잘 시간도 없이（○）　寝る時間もなく

　日本語では動詞の現在形の連体形と未来の連体形が同じですが、韓国語では動詞の現在の連体形は「-는」、未来の連体形は「-(으)ㄹ」を使います。進行中の動作や、習慣、一般論については現在形（ex）마시는 물（(今、いつも) 飲む水）を使って、これから行おうとしている動作については未来形（ex）마실 물（(これから) 飲む水）を使います。ところで、「動詞の連体形＋（時間・必要・約束・勇気・可能性などの）名詞がある／ない」の構造の場合は必ず未来形の連体形「-(으)ㄹ」を使います。たとえば、「〜する時間が・必要が・約束が・勇気がある／ない」の場合は、「-(으)ㄹ 시간이・필요가・약속이・용기가 있다/없다」になります（p.155、175参照）。
　　ex）갈 시간이 없어요．行く時間がありません。
　　　　배울 필요가 있어요．習う必要があります。
　　　　두 시에 선생님과 만날 약속이 있어요．２時に先生と会う約束があります。

② 하겠습니다（×）→ 합니다（○）　します

　「하겠습니다」は１人称の意志を表す表現です。ここでは自分の意志ではなく「딸（娘）」のいつもの習慣を表すので、「합니다/하고 있습니다」を使います。
　　ex）이 일은 제가 하겠습니다．この仕事は私がやります。（自分の意志）
　　　　이 일은 언제나 제가 합니다．この仕事はいつも私がやります。（習慣）

③ 하는 때（×）→ 할 때（○）　する時

　「〜する時」は「-(으)ㄹ 때」のように必ず未来の連体形と一緒に使われます。過去のことを表す場合も未来形の連体形「-았/었을 때（〜した時）」になるので、注意しましょう。
　　ex）슬플 때　悲しい時　　　　기쁠 때　嬉しい時
　　　　슬펐을 때　悲しかった時　기뻤을 때　嬉しかった時

作文例を見てみましょう (2)

例2.　여러분의 가족은 누가 있습니까? 무슨 일을 합니까? 무엇을 좋아합니까? 여러분의 가족에 대해 쓰십시오.

　　みなさんの家族には誰がいますか？どんな仕事をしていますか？何が好きですか？みなさんの家族について書きなさい。

　　제 가족은 아버지, 어머니, 남동생, 그리고 저예요. 아버지는 회사원인데 골프를 너무 좋아하셔서 주말에는 골프를 치러 가세요. 어머니는 주부인데 ①쇼핑이 좋아해서 백화점에 가는 것을 좋아하세요. 아버지하고 어머니는 ②두 명 모두 쉰일곱 살이세요. 남동생은 ③스물 살이고 대학생이에요. ☆방학 때 여행을 가려고 지금 편의점에서 아르바이트를 하고 있어요. 저는 도서관 사서이고 스물아홉 살이에요. 지금 한국어를 배우고 있는데 아직 한국에 가 본 적이 없어요. 그래서 이번 휴가 때는 꼭 한국에 여행을 가려고 해요.

POINT

分かち書き

☆ 방학때（×）→ 방학 ˇ 때（○）　休みの時

　「방학」と「때」の間は空けて書きますが、原稿用紙に書く場合は左ページのような書き方にしても大丈夫です（p.20参照）。ちなみに、時間（때（時），전（前），후（後）など）や位置（위（上），옆（横），앞（前）など）を表す名詞の前は1文字空けて書きます。

　　ex）1년 전　1年前　　　2년 후　2年後
　　　　책상 위　机の　　　　건물 옆　建物の横

語彙・文法

① 쇼핑이 좋아해서（×）→ 쇼핑을 좋아해서（○）　ショッピングが好きで

　「〜が好きだ」は「-를/을 좋아하다」または「-가/이 좋다」です。助詞を間違えないように注意しましょう（p.193、247参照）。

　　ex）김치를 좋아해요. = 김치가 좋아요.　キムチが好きです。
　　　　운동을 좋아해요. = 운동이 좋아요.　運動が好きです。

② 두 명（×）→ 두 분（○）　2人（尊敬表現）

　「두 명（2人）」も間違った表現ではありませんが、ここでは語尾に尊敬語「-(이)세요」を使っているので、「명（名）」ではなく尊敬語「분（方）」を使ったほうがいいでしょう。ほかに名詞の尊敬語には次のようなものがあります。

普通語	尊敬語	普通語	尊敬語
집　家	댁　お宅	이름　名前	성함　お名前
말　話	말씀　お話	생일　誕生日	생신　お誕生日
나이　年	연세　お年	밥　ご飯	진지　お食事

③ 스무 살（×）→ 스무 살（○）　20歳

　固有数詞「하나（1），둘（2），셋（3），넷（4），스물（20）」の後に単位を表す名詞が来ると、これらは「한，두，세，네，스무」に変わります（p.245参照）。

　　ex）한 개　1個　　두 권　2冊　　세 시　3時　　네 병　4本

間違いを探しましょう

次の文章の間違いを探し、適切な表現に直しなさい。

(1) 오늘 오는 필요는 없습니다.

(2) 일이 바빠서 밥 먹는 시간도 없었어요.

(3) 제가 나중에 다시 전화합니다.

(4) 요즘은 버스보다 지하철을 많이 이용하겠습니다.

(5) 책을 좋아서 언제나 가지고 다닙니다.

(6) 계절 중에서 여름이 제일 좋아해요.

(7) 저는 할머니, 부모님하고 여동생 두 분하고 같이 삽니다.

解答

(1) <u>오는</u> → <u>올</u>　今日来る必要はありません。
[Hint]「〜する必要がある／ない」の場合は、「-(으)ㄹ 필요가 있다/없다」です。

(2) <u>먹는</u> → <u>먹을</u>　仕事が忙しくてご飯を食べる時間もありませんでした。
[Hint]「〜する時間がある／ない」の場合は、「-(으)ㄹ 시간이 있다/없다」です。

(3) <u>전화합니다</u> → <u>전화하겠습니다</u>　私が後でまたお電話いたします。
[Hint] １人称の意志を表す表現は「하겠습니다」です。

(4) <u>이용하겠습니다</u> → <u>이용합니다</u>　最近はバスより地下鉄をよく利用します。
[Hint] 自分（１人称）の意志ではなく、いつもの習慣を表す場合は「합니다」を使います。

(5) <u>책을 좋아서</u> → <u>책을 좋아해서(책이 좋아서)</u>　本が好きでいつも持ち歩いています。
[Hint]「〜が好きだ」は「-를/을 좋아하다」または「-가/이 좋다」です。

(6) <u>여름이 제일 좋아해요</u> → <u>여름이 제일 좋아요(여름을 제일 좋아해요)</u>　季節の中で夏が一番好きです。
[Hint]「〜が好きだ」は「-를/을 좋아하다」または「-가/이 좋다」です。

(7) <u>여동생 두 분</u> → <u>여동생 두 명</u>　私はおばあさん、両親と妹２人と一緒に住んでいます。
[Hint]「분（方）」は尊敬語なので、妹には「명（名）」を使います。

作文を読んでみましょう (1)

次の文章を読んで、質問に答えなさい。

> 저는 어머니와 언니 두 명이 있습니다. 큰언니는 결혼해서 같이 안 삽니다. 작년에 조카가 태어났는데 정말 귀엽습니다. ㉠작은언니는 유치원 선생님인데 아이들을 좋아하고 아이들도 언니를 아주 좋아합니다. 언니한테 잘 맞는 ㉡_____인 것 같습니다. 그리고 저는 회사원입니다. 취미는 등산인데 요즘에는 ㉢주말마다 조카를 만나러 큰언니 집으로 놀러 가는 것이 제일 즐겁습니다.

(1) 本文を読み、次の①～③が本文の内容と同じ時は○、異なる時には×をつけなさい。
　①저는 남자입니다. (　　)
　②작은언니는 직업을 잘 고른 것 같습니다. (　　)
　③저는 산에 가는 것을 좋아합니다. (　　)

(2) ㉠と同じ意味のものを次の①～④から選びなさい。
　①넷째 언니　　②셋째 언니　　③둘째 언니　　④첫째 언니

(3) ㉡に最も適切な語彙を入れなさい。
　㉡_____

(4) ㉢と同じ意味のものを次の①～④から選びなさい。
　①매일　　②매년　　③매달　　④매주

(5) 次の質問に韓国語で答えなさい。
　①이 사람은 무슨 일을 합니까?
　(　　　　　　　　　　　　　　　　　　　　　　　　)
　②이 사람은 요즘 왜 큰언니 집에 자주 갑니까?
　(　　　　　　　　　　　　　　　　　　　　　　　　)

解答

> 　私は母と姉が２人います。一番上の姉は結婚して一緒に住んでいません。去年、甥（姪）が生まれたのですが、本当にかわいいです。㋐下の姉は幼稚園の先生ですが、子供が好きで、子供達も姉のことがとても好きです。姉によく合う㋑＿＿＿＿＿＿のようです。それから、私は会社員です。趣味は登山ですが、最近は㋒週末ごとに甥（姪）に会いに一番上の姉の家に遊びに行くのが一番楽しいです。

(1)
　①私は男性です。（×）
　②下の姉は職業をよく選んだと思います。（〇）
　③私は山に行くのが好きです。（〇）

(2)　③둘째 언니
　①넷째 언니　４番目の姉　　②셋째 언니　３番目の姉
　③둘째 언니　２番目の姉　　④첫째 언니　１番目の姉

(3)　㋑직업　職業／일　仕事

(4)　④매주
　①매일　毎日　　②매년　毎年　　③매달　毎月　　④매주　毎週

(5)
　①この人はどんな仕事をしていますか？
　　회사원입니다.　会社員です。

　②この人は最近なぜ一番上の姉の家によく行きますか？
　　왜냐하면 귀여운 조카를 만나고 싶어서입니다.　なぜならば、かわいい姪（甥）に会いたいからです。／귀여운 조카를 만나러(만나려고) 자주 갑니다.　かわいい姪（甥）に会いによく行きます。

作文を読んでみましょう (2)

次の文章を読んで、質問に答えなさい。

> 우리 가족은 부모님, 형, 여동생, 그리고 저예요. 모두 다섯 명이에요. ㉠아버지하고 어머니하고 형은 회사원이에요. 여동생은 고등학생이고 저는 대학생이에요. 아버지와 형은 키가 크지만, 저하고 여동생은 어머니를 닮아서 키가 ㉡_____. ㉢_____ 아버지하고 형하고 저는 조용한 성격인데, 어머니하고 여동생은 말이 많고 시끄러워요. 또 여동생은 어머니를 닮아서 아주 예뻐요. 우리 가족은 여행을 좋아해서 일 년에 두 번 정도 가족 여행을 가요.

(1) 本文を読み、次の①〜③が本文の内容と同じ時は〇、異なる時には×をつけなさい。
①저는 남자입니다. (　　)
②저는 형제가 없습니다. (　　)
③형은 어머니를 별로 안 닮았습니다. (　　)

(2) ㉠と同じ意味のものを本文の中から探しなさい。

(3) ㉡に入る最も適切なものを次の①〜④から選びなさい。
①젊어요　　②적어요　　③작아요　　④짧아요

(4) ㉢に最も適切な接続詞を入れなさい。
㉢_____

(5) 次の質問に韓国語で答えなさい。
①이 사람의 가족 중에서 학생은 몇 명입니까?
(　　　　　　　　　　　　　　　　　　　　　　)
②이 사람은 누구하고 성격이 비슷합니까?
(　　　　　　　　　　　　　　　　　　　　　　)

解答

　　私の家族は両親、兄、妹、それから私です。全部で５人です。㋐父と母と兄は会社員です。妹は高校生で、私は大学生です。父と兄は背が高いけれど、私と妹は母に似ていて、背が㋑＿＿＿＿。㋒＿＿＿＿、父と兄と私は静かな性格ですが、母と妹は口数が多くてうるさいです。また、妹は母に似てとてもきれいです。私の家族は旅行が好きで、年に２回くらい家族旅行に行きます。

(1)
　①私は男性です。（○）
　②私は兄弟がいません。（×）
　③兄は母にあまり似ていません。（○）

(2)　부모님　両親

(3)　③작아요
　①젊어요　若いです　　②적어요　少ないです
　③작아요　小さいです　④짧아요　短いです

(4)　㋒그리고　そして

(5)
　①この人の家族の中で学生は何人ですか？
　　두 명입니다.　２人です。

　②この人は誰と性格が似ていますか？
　　아버지하고 형하고 비슷합니다.　父と兄に似ています。

STEP 3. 作文・読解編　2. 家族紹介　91

作文の前にウォーミングアップ

1. 次の単語や語句を並び替えて、文章を完成させなさい。

(1) 가족 형 와 예요 제 은 과 저 어머니

　→ _____

(2) 명 네 우리 은 이에요 가족

　→ _____

(3) 언니 은 중학생 입니다 는 이고 남동생 공무원

　→ _____

(4) 형 는 취미 이에요 여행

　→ _____

(5) 가 는 좋으면 을 등산 가요 날씨 아버지 하러

　→ _____

2. 次の質問に韓国語で答えなさい。

(1) 가족은 누가 있습니까?

(2) 가족은 몇 명입니까?

(3) 여러분의 가족은 무슨 일을 합니까?

(4) 여러분의 가족의 취미는 무엇입니까?

(5) 여러분은 가족하고 무엇을 자주 합니까?

解答

1.
(1) 제 가족은 어머니와 형과 저예요.　私の家族は母と兄と私です。
(2) 우리 가족은 네 명입니다.　私の家族は４人です。
(3) 언니는 공무원이고 남동생은 중학생입니다.　姉は公務員で、弟は中学生です。
(4) 형 취미는 여행이에요.　兄の趣味は旅行です。
(5) 아버지는 날씨가 좋으면 등산을 하러 가요.　父は天気がよければ登山に行きます。

2.
(1) 家族は誰がいますか？
[Hint]「제 가족은 -하고 -하고 -입니다（私の家族は〜と〜と〜です），저는 -하고 -하고 -가/이 있습니다（私は〜と〜と〜がいます）」などを使うことができます。

(2) 家族は何人ですか？
[Hint]「우리 가족은 4인 가족입니다（私の家族は４人家族です），우리 가족은 －명입니다（私の家族は〜名です）」などを使うことができます。

(3) みなさんの家族はどんな仕事をしていますか？

(4) みなさんの家族の趣味は何ですか？

(5) みなさんは家族と何をよくしますか？

語彙力をアップしましょう

基本語彙と表現

할아버지 おじいさん	할머니 おばあさん	아버지 父
어머니 母	남동생 弟	여동생 妹
언니 (妹から見た) 姉		누나 (弟から見た) 姉
오빠 (妹から見た) 兄		형 (弟から見た) 兄
중학생 中学生		고등학생 高校生
따로 別々に		혼자 1人、1人で
모두 みんな	한 명 1人	두 명 2人
아이가 둘(두 명) 있다 子供が2人いる	일하다 働く	
결혼하다 結婚する	결혼했다 結婚している	결혼 안 했다 結婚していない
같이 살다 一緒に住む		같이 안 살다 一緒に住まない
-를/을 좋아하다 〜が好きだ		-를/을 싫어하다 〜が嫌いだ

使える語彙と表現

남편 夫	아내 妻	아이들 子供達
자식 子供	딸 娘	아들 息子
부부 夫婦		형제 兄弟
조카 甥、姪		부모님 両親
직업 職業		직원 職員、社員
취업 준비중 就職準備中		성격 性格
얼굴 顔		매주 毎週
아직 まだ		키가 크다 背が高い
키가 작다 背が低い		돌아가시다 亡くなる
-하고 닮았다 〜と似ている		-를/을 닮았다 〜に似ている
-하고 얼굴이 비슷하다 〜と顔が似ている		-하고 성격이 다르다 〜と性格が違う

作文を書いてみましょう

※다음을 읽고 150~300자로 글을 쓰십시오(띄어쓰기 포함).
　次の問題を読んで、150～300字以内（分かち書きを含む）で文章を書きなさい。

　여러분의 가족은 누가 있습니까? 무슨 일을 합니까? 무엇을 좋아합니까? 여러분의 가족에 대해 쓰십시오.

(1) マインドマップを描きましょう

　まず、家族について書きたいことを思い出しながら、マインドマップを作成しましょう。書いた部分についてもさらに思い出したことがあれば書き足してもいいです。文章ではなく単語や語句で書きましょう。必ず次のポイントが入るように書き、書き終わったら、それぞれのポイントに番号を付けておきましょう。制限時間は15～20分です。

作文ポイント：①家族に誰がいるのか　②どんな仕事をしているのか　③何が好きなのか、趣味は何か

家族紹介

96

(2) 作文を書いてみましょう

左のページのマインドマップをもとに作文を書いてみましょう。①から③の順番は変えてもいいですが、順番通りに書いていけばうまく書けます。制限時間は35～40分です。

私だけのメモ帳

次の単語から連想されるものを書いてみましょう。

(1) 家族呼称

(2) 尊敬語

私だけのチェックリストを作ってみましょう。

(1) ＿＿＿＿＿＿＿＿

(2) ＿＿＿＿＿＿＿＿

3. 自分の得意なこと

STEP 3

- 100 作文例を見てみましょう（1）
    Point
- 102 作文例を見てみましょう（2）
    Point
- 104 間違いを探しましょう…解答
- 106 作文を読んでみましょう（1）…解答
- 108 作文を読んでみましょう（2）…解答
- 110 作文の前にウォーミングアップ…解答
- 113 語彙力をアップしましょう
    基本語彙と表現
    使える語彙と表現
- 114 作文を書いてみましょう
    （1）マインドマップを描きましょう
    （2）作文を書いてみましょう
- 116 私だけのメモ帳

作文例を見てみましょう（1）

例1.　여러분은 무엇을 잘합니까? 잘 하려고 어떻게 했습니까? 그것을 잘해서 무엇이 좋습니까? 여러분이 잘하는 것에 대해서 쓰십시오.

みなさんは何が得意ですか？上手くなるためにどのようにしましたか？それが得意で何がよかったですか？みなさんの得意なことについて書きなさい。

　저는 피아노를 잘 칩니다. 초등학생 때 여동생하고 같이 피아노 학원에서 ☆배우기 시작했습니다. 여동생은 처음부터 피아노를 치는 것을 좋아했습니다. 하지만, 저는 피아노 치는 것이 재미없어서 3년 정도 배운 후에 그만두었습니다. 그런데 고등학생 때 다시 피아노를 ①배워 싶어졌습니다. 이번에는 피아노 학원에 ②가지 말고 집에서 좋아하는 노래를 치면서 혼자 연습을 했습니다. 좋아하는 피아노를 치니까 저도 즐겁고 제 피아노를 듣는 가족들도 ③즐겁습니다. 앞으로도 제 피아노로 가족들을 즐겁게 해 주고 싶습니다.

POINT

分かち書き

☆ 배우기시작했습니다（×）→ 배우기 ∨ 시작했습니다（○）　習い始めました

「-기 시작하다（〜し始める）」の分かち書きに注意しましょう。
　　ex) 먹기 시작합니다.　食べ始めます。　　보기 시작했어요.　見始めました。

語彙・文法

① 배워 싶어졌습니다（×）→ 배우고 싶어졌습니다（○）　習いたくなりました

「〜したい」は「-고 싶다」、形容詞の変化を表す「〜くなる」は「-아/어지다」なので、「〜したくなる」は「-고 싶어지다」です。ですので、「習いたくなりました」は「배우고 싶어졌어요」といいます。
　　ex) 만나고 싶어졌어요.　会いたくなりました。
　　　　 놀고 싶어졌어요.　遊びたくなりました。

② 가지 말고（×）→ 가지 않고（○）　行かずに

禁止・否定表現「〜しないで、せずに」に当たる韓国語は「-지 않고」と「-지 말고」がありますが、「-지 않고」が単なる事実を述べるのに対し、「-지 말고」は命令形や勧誘形と一緒に使われ、禁止の意味を表します。そこで、「今度はピアノ教室に行かずに、家で好きな歌を引きながら1人で練習しました」のような単なる平叙文では「피아노 학원에 가지 않고」を使います。一方、「今度はピアノ教室に行かないで1人で練習してください（이번에는 피아노 학원에 가지 말고 혼자서 연습하세요）」のような命令文や「今度はピアノ教室に行かずに一緒に練習しましょう（이번에는 피아노 교실에 가지 말고 같이 연습합시다）」のような勧誘文の場合は「-지 말고」を使います。
　　ex) 주말에는 일하지 않고 쉽니다.　週末は働かずに休みます。（平叙文）
　　　　 주말에는 일하지 말고 쉬세요.　週末は働かずに休んでください。（命令文）
　　　　 주말에는 일하지 말고 쉽시다.　週末は働かずに休みましょう。（勧誘文）

③ 즐겁습니다（×）→ 즐거워합니다（○）　喜びます

「-아/어하다（〜がる）」は感情を表す形容詞の語幹に付いてその感情を抱くという動詞を作ります。たとえば、「기쁘다（嬉しい）→기뻐하다（嬉しがる）、슬프다（悲しい）→슬퍼하다（悲しがる）、덥다（暑い）→더워하다（暑がる）、춥다（寒い）→추워하다（寒がる）」など。

作文例を見てみましょう（2）

例2. 여러분은 무엇을 잘합니까? 잘 하려고 어떻게 했습니까? 그것을 잘해서 무엇이 좋습니까? 여러분이 잘하는 것에 대해서 쓰십시오.

みなさんは何が得意ですか？上手くなるためにどのようにしましたか？それが得意で何がよかったですか？みなさんの得意なことについて書きなさい。

저는 ① 요리가 잘해요. ② 결혼하는 전에는 요리를 별로 ☆안 했는데 결혼하고 나서 요리를 많이 하게 되었어요. ③ 달에 한 번씩 요리 교실에 다니는데 그날 배운 요리를 집에서 다시 만들면서 연습해요. 가끔씩 가족들과 친구들을 초대해서 요리교실에서 배운 요리를 만들어 주기도 해요. 앞으로도 여러 나라 요리를 만들어 보고 싶어요. 제 꿈은 나중에 요리교실을 하는 것이에요. 아직 요리사처럼 요리를 잘하는 것은 아니지만, 제가 만든 음식을 먹고 좋아하는 사람들을 보면 행복해요.

POINT

分かち書き

☆ 안했는데（×）→ 안 ˅ 했는데（○）　しなかったのですが

　単純否定の副詞「안」は後ろの動詞と1文字空けて書きます。不可能を表す否定の副詞「못」も同様に後ろの動詞と1文字空けて書きます。
　　ex）안 갔어요.　行きませんでした。　　　못 갔어요.　行けませんでした。

語彙・文法

① 요리가 잘해요（×）→ 요리를 잘해요（○）　料理が得意です

　「～が上手だ（得意だ）」は「-를/을 잘하다」のように助詞の使い方が日本語と違うので、注意しましょう。また、「～が下手だ（できない）」も「-를/을 못하다」といいます。
　　ex）수영을 잘해요.（○）/ 수영이 잘해요.（×）　水泳が上手です。
　　　　야구를 못해요.（○）/ 야구가 못해요.（×）　野球が下手です。

② 결혼하는 전에는（×）→ 결혼하기 전에는（○）　結婚する前は

　「～する前」は「-기 전」といいます。また、「～した後」は「-(으)ㄴ 후/-(으)ㄴ 다음」といいます。
　　ex）밥을 먹기 전에　ご飯を食べる前に
　　　　술을 마신 후에(다음에)　お酒を飲んだ後に
　　　　운동을 한 다음에(후에)　運動をした後に

③ 달에 한 번씩（×）→ 한 달에 한 번씩（○）　月に1回ずつ

　「月に1回」の「月に」は「한 달에」といいます。また、「年に1回」も「년에 한 번（×）」ではなく「일 년에 한 번（1年に1回）（○）」、「週に1回」も「주에 한 번（×）」ではなく「한 주(일 주, 일주일)에 한 번（一週間に1回）（○）」といいます。ただし、「연 4회 실시（年4回実施），주 5일 근무（週5日勤務）」のような場合は日本語と同じです。

間違いを探しましょう

次の文章の間違いを探し、適切な表現に直しなさい。

(1) 아이가 어제부터 걷기 시작했어요.

(2) 날씨가 더워서 맥주가 먹어 싶어졌어요.

(3) 눈이 많이 오니까 산에 가지 않고 영화나 보러 갑시다.

(4) 요즘에는 가까운 거리는 지하철을 타지 말고 걷습니다.

(5) 시험에 합격해서 가족들이 아주 기뻤습니다.

(6) 조금 전에 길에서 넘어져서 무릎이 너무 아파해요.

(7) 재석 씨는 야구가 참 잘하네요.

(8) 수영이 못하는 사람은 누구예요?

(9) 지난 달부터 달에 네 번 컴퓨터를 배우러 다닙니다.

解答

(1) 걷기 시작했어요 → 걷기 시작했어요　赤ちゃんが昨日から歩き始めました。
[Hint]「-기 시작하다 (〜し始める)」は動詞の語幹（「-다」の前の部分）にくっつけて作ります。

(2) 먹어 싶어졌어요 → 먹고 싶어졌어요　(天気が) 暑いので、ビールが飲みたくなりました。
[Hint]「〜したくなる」は「-고 싶어지다」です。

(3) 가지 않고 → 가지 말고　雪がたくさん降るので、山に行かないで、映画でも見に行きましょう。
[Hint] 否定表現「〜しないで、せずに」に当たる韓国語は「-지 않고」と「-지 말고」がありますが、「-지 않고」が単なる事実を述べるのに対し、「-지 말고」は命令形や勧誘形と一緒に使われます。

(4) 타지 말고 → 타지 않고　最近は近い距離は地下鉄に乗らずに歩きます。
[Hint] 否定表現「〜しないで、せずに」に当たる韓国語は「-지 않고」と「-지 말고」がありますが、「-지 않고」が単なる事実を述べるのに対し、「-지 말고」は命令形や勧誘形と一緒に使われます。

(5) 기뻤습니다 → 기뻐했습니다　試験に合格して、家族たちがとても喜びました。
[Hint]「-아/어하다 (〜がる)」は感情を表す形容詞の語幹に付いてその感情を抱くという動詞を作る接尾辞です。

(6) 아파해요 → 아파요　先ほど道で転んで、膝がとても痛いです。
[Hint]「아파하다 (痛がる)」は形容詞「아프다 (痛い)」の語幹に接尾辞「-아/어하다 (〜がる)」が付いた動詞なので、ここでは「아파요 (痛いです)」を使います。

(7) 야구가 → 야구를　チェソクさんは野球が本当にお上手ですね。
[Hint]「〜が上手だ」は「-를/을 잘하다」です。

(8) 수영이 → 수영을　水泳ができない人は誰ですか？
[Hint]「〜が下手だ」は「-를/을 못하다」です。

(9) 달에 → 한 달에　先月から月に4回、パソコンを習いに行っています。
[Hint]「月に1回」の「月に」は「한 달에」といいます。

作文を読んでみましょう (1)

次の文章を読んで、質問に答えなさい。

> 저는 글씨를 예쁘게 잘 씁니다. 어렸을 때는 글씨를 잘 못 썼는데 서예를 ㉠배운 후에 글씨가 예뻐졌습니다. 서예를 배우기 시작했을 때는 같은 글씨를 계속 쓰는 연습이 너무 싫었지만, 지금은 서예를 참 잘 배운 것 같습니다. ㉡☐☐☐ 직접 손으로 쓴 편지나 엽서를 받으면 쓴 사람의 마음이 느껴져서 기분이 좋아지기 때문입니다. 요즘은 컴퓨터나 휴대전화로 이메일을 보내는 사람이 많지만 예쁜 글씨로 쓴 편지를 받는 것은 정말 ㉢기쁜 일입니다. ㉣☐☐☐ 저는 시간이 있으면 이메일보다는 직접 손으로 쓴 편지나 엽서를 보냅니다.

(1) 本文を読み、次の①～③が本文の内容と同じ時は○、異なる時には×をつけなさい。

①저는 어렸을 때부터 글씨를 잘 썼습니다. (　　)

②저는 요즘 컴퓨터나 휴대전화로 메일을 보냅니다. (　　)

③저는 손으로 쓴 편지나 엽서를 보내는 것을 좋아합니다. (　　)

(2) ㉠の「후」と同じ意味のものを次の①～④から選びなさい。

①때　　②전　　③지금　　④다음

(3) ㉢と反対の意味のものを次の①～④から選びなさい。

①간단한　　②높은　　③슬픈　　④새로운

(4) ㉡と㉣に最も適切な接続詞を入れなさい。

㉡ _____　　㉣ _____

(5) 次の質問に韓国語で答えなさい。

①이 사람은 무엇을 잘 합니까?

(　　　　　　　　　　　　　　　　　　　)

②이 사람은 서예를 배울 때 무엇이 싫었습니까?

(　　　　　　　　　　　　　　　　　　　)

解答

　　私は字をきれいに書けます。子供の時は字が下手でしたが、書道を㋐習ってから字がきれいになりました。書道を習い始めた頃は同じ文字を書き続ける練習がとても嫌でしたが、今は書道を習って本当によかったと思います。㋑□□□□、直接手で書いた手紙や葉書をもらうと書いた人の心が感じられて、気分がよくなるからです。最近はパソコンや携帯電話でEメールを送る人が多いですが、きれいな字で書いた手紙をもらうのは本当に㋒嬉しいことです。㋓□□□□、私は時間があればEメールよりは直接手で書いた手紙や葉書を送ります。

(1)
　①私は子供の時から字をきれいに書けました。（×）
　②私は最近パソコンや携帯電話でメールを送ります。（×）
　③私は手で書いた手紙や葉書を送るのが好きです。（○）

(2)　④다음
　①때　時　②전　前　③지금　今　④다음　次、後

(3)　③슬픈
　①간단한　簡単な　②높은　高い　③슬픈　悲しい　④새로운　新しい

(4)　㋑왜냐하면　なぜならば
　　　㋓그래서　それで

(5)
　①この人は何が上手ですか？
　　이 사람은 글씨를 예쁘게 잘 씁니다.　この人は字をきれいに書けます。

　②この人は書道を習った時に何が嫌いでしたか？
　　같은 글씨를 계속 쓰는 연습이 싫었습니다.　同じ文字を書き続ける練習が嫌いでした。

作文を読んでみましょう (2)

次の文章を読んで、質問に答えなさい。

> 　저는 한국요리를 잘 만드는데, ㉠ ☐ 김치찌개를 잘 만들어요. 김치찌개는 ㉡ ☐ 먹어도 맛있지만, 김치찌개를 먹으면 몸이 따뜻해지기 때문에 추운 ㉢ ☐ 에 자주 만들어 먹게 돼요. 저는 요리를 잘하지만, 처음 김치찌개를 만들었을 때는 별로 맛이 없었어요. 한국 사람이 만든 김치찌개하고 맛이 너무 달랐어요. 그래서 친한 한국 친구에게 만드는 방법을 배워서 맛있게 만들 수 있게 되었어요. 이제는 한국 친구가 놀러 와도 맛있는 김치찌개를 자신 있게 만들어 줄 수 있게 되었어요.

(1) 本文を読み、次の①〜③が本文の内容と同じ時は○、異なる時には×をつけなさい。
　①저는 한국요리 중에서 김치찌개를 제일 잘 만듭니다. (　　)
　②김치찌개는 추울 때 먹고 싶어집니다. (　　)
　③저는 처음에는 요리를 잘 못했습니다. (　　)

(2) ㉠に入る最も適切なものを次の①〜④から選びなさい。
　①별로　　②특히　　③전혀　　④다시

(3) ㉡に入る最も適切なものを次の①〜④から選びなさい。
　①얼마　　②누구　　③언제　　④어디

(4) ㉢に最も適切な季節を入れなさい。
　㉢ _____

(5) 次の質問に韓国語で答えなさい。
　①이 사람이 처음 만든 김치찌개는 어땠습니까?
　(　　　　　　　　　　　　　　　　　　　　　　　　　)
　②이 사람은 김치찌개를 잘 만들기 위해서 어떻게 했습니까?
　(　　　　　　　　　　　　　　　　　　　　　　　　　)

解答

私は韓国料理を作るのが得意ですが、㋐_____キムチチゲを上手に作ります。キムチチゲは㋑_____食べても美味しいですが、キムチチゲを食べると身体が温まるので、寒い㋒_____によく作って食べるようになります。私は料理は得意ですが、初めてキムチチゲを作った時はあまり美味しくありませんでした。韓国人が作ったキムチチゲと味がかなり違いました。それで親しい韓国人の友達に作り方を教わって、美味しく作れるようになりました。今は韓国人の友達が遊びに来ても美味しいキムチチゲを自信を持って作ってあげることができるようになりました。

(1)
①私は韓国料理の中でキムチチゲを一番上手に作ります。（○）
②キムチチゲは寒い時に食べたくなります。（○）
③私は最初は料理が下手でした。（×）

(2) ㋐특히　特に
①별로　あまり　②특히　特に　③전혀　全然　④다시　もう一度

(3) ㋑언제　いつ
①얼마　いくら　②누구　誰　③언제　いつ　④어디　どこ

(4) ㋒겨울　冬

(5)
①この人が初めて作ったキムチチゲはどうでしたか？
별로 맛이 없었습니다.　あまり美味しくありませんでした。／한국 사람이 만든 김치찌개하고 맛이 너무 달랐습니다.　韓国人が作ったキムチチゲと味がかなり違いました。

②この人はキムチチゲを上手に作るためにどのようにしましたか？
친한 한국 친구에게 만드는 방법을 배웠습니다.　親しい韓国人の友達に作り方を教わりました。

作文の前にウォーミングアップ

1. 次の単語や語句を並び替えて、文章を完成させなさい。

(1) 는 그립니다 을 그림 저 잘

→ _____

(2) 잘 어렸을 그림 은 그렸습니다 때부터

→ _____

(3) 는 를 노래 저 못해요

→ _____

(4) 에서 많이 불렀습니다 를 노래방 노래

→ _____

(5) 를 한국어 잘하고 앞으로 회화 싶어요

→ _____

2. 次の質問に韓国語で答えなさい。

(1) 무엇을 잘합니까?

(2) 그것은 언제부터 잘했습니까?

(3) 무엇을 못합니까?

(4) 못하는 것을 잘하기 위해서 어떻게 했습니까?

(5) 앞으로 무엇을 잘하고 싶습니까?

解答

1.
(1) 저는 그림을 잘 그립니다.　私は絵を上手に描けます。
(2) 그림은 어렸을 때부터 잘 그렸습니다.　絵は子供の時から上手に描けました。
(3) 저는 노래를 못합니다.　私は歌が下手です。
(4) 노래방에서 노래를 많이 불렀습니다.　カラオケで歌をたくさん歌いました。
(5) 앞으로 한국어 회화를 잘하고 싶습니다.　これから韓国語会話が上手になりたいです。

2.
(1) 何が得意ですか？
[Hint]「-를/을 잘합니다（〜が上手です），-는 것을 잘합니다（〜するのが上手です）」などを使うことができます。

(2) それはいつから得意でしたか？
[Hint]「어렸을 때부터（子供の時から），초등학생 때부터（小学生の時から），중학생 때부터（中学生の時から），작년부터（去年から），올해부터（今年から），-를/을 배우고 나서부터（〜を習ってから）」などを使うことができます。

(3) 何が下手ですか？
[Hint]「-를/을 못합니다（〜が下手です），-는 것을 못합니다（〜するのが下手です）」などを使うことができます。

(4) 下手なことを上達させるためにどのようにしましたか？

(5) これから何が上手くなりたいですか？

語彙力をアップしましょう

基本語彙と表現

노래 歌
달리기 駆けっこ
매주 毎週
지금은 今は
배우러 다니다 習いに行く
연습을 많이 한 후에 練習をたくさんした後に
별로 잘 못하다 あまりよくできない
잘하게 되다 上手くなる、上手になる

운동 運動
주말마다 週末ごとに
처음에는 最初は
춤을 추다 踊る
배운 후에 習った後に
전혀 못하다 まったくできない
-이/가 되고 싶다 ～になりたい

使える語彙と表現

야구 野球
농구 バスケットボール
테니스 テニス
운동장 運動場、グラウンド
그만두다 辞める
자신이 없다 自信がある
잘 배운 것 같다 習ってよかったと思う

축구 サッカー
배구 バレーボール
골프 ゴルフ
달리다 走る
배우기 시작하다 習い始める
자신 있게 自信を持って

作文を書いてみましょう

※다음을 읽고 150~300자로 글을 쓰십시오(띄어쓰기 포함).
　次の問題を読んで、150～300字以内（分かち書きを含む）で文章を書きなさい。

　여러분은 무엇을 잘합니까? 잘 하려고 어떻게 했습니까? 그것을 잘해서 무엇이 좋습니까? 여러분이 잘하는 것에 대해서 쓰십시오.

(1)　マインドマップを描きましょう

　まず、自分の得意なことについて書きたいことを思い出しながら、マインドマップを作成しましょう。書いた部分についてもさらに思い出したことがあれば書き足してもいいです。文章ではなく単語や語句で書きましょう。必ず次のポイントが入るように書き、書き終わったら、それぞれのポイントに番号を付けておきましょう。制限時間は15～20分です。

<u>作文ポイント</u>：①得意なこと　②上手くなるためにしたこと
　　　　　　　　③それが上手くてよかったこと　④今後どうしたいのか

自分の得意なこと

(2) 作文を書いてみましょう

　左のページのマインドマップをもとに作文を書いてみましょう。①から④の順番は変えてもいいですが、順番通りに書いていけばうまく書けます。制限時間は35～40分です。

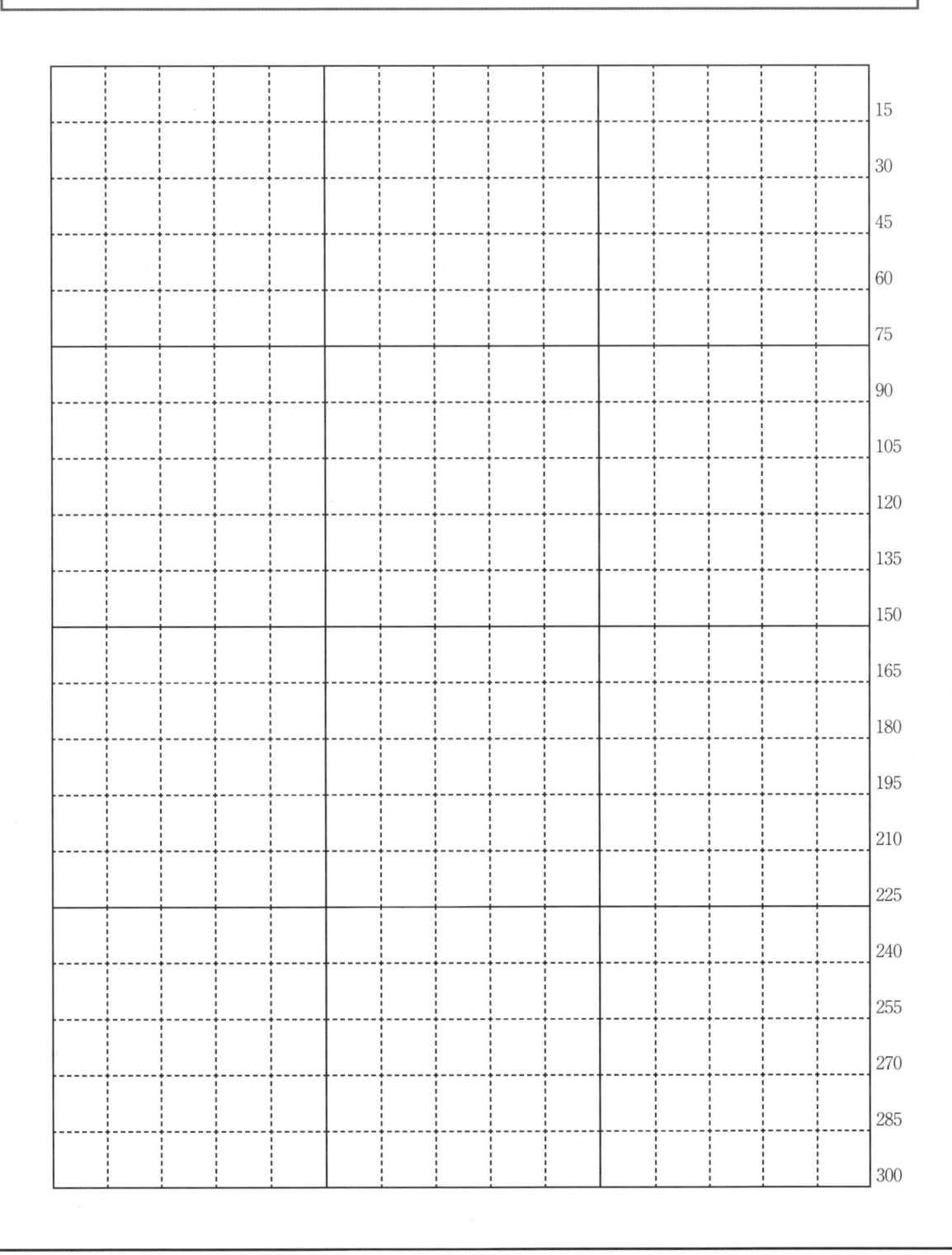

私だけのメモ帳

次の単語から連想されるものを書いてみましょう。

(1) 長所

(2) 短所

私だけのチェックリストを作ってみましょう。

(1) _____

(2) _____

4. 住みたい所

STEP 3

- 118 作文例を見てみましょう（1）
    Point
- 120 作文例を見てみましょう（2）
    Point
- 122 間違いを探しましょう…解答
- 124 作文を読んでみましょう（1）…解答
- 126 作文を読んでみましょう（2）…解答
- 128 作文の前にウォーミングアップ…解答
- 131 語彙力をアップしましょう
    基本語彙と表現
    使える語彙と表現
- 132 作文を書いてみましょう
    （1）マインドマップを描きましょう
    （2）作文を書いてみましょう
- 134 私だけのメモ帳

作文例を見てみましょう（1）

例1. 여러분은 어디에서 살고 싶습니까? 왜 그곳에서 살고 싶습니까? 그곳에 살면서 무엇을 하고 싶습니까? 여러분이 살고 싶은 곳에 대해서 쓰십시오.

みなさんはどこに住みたいですか？なぜそこに住みたいですか？そこに住んで何がしたいですか？みなさんの住みたい所について書きなさい。

　　저는　　나중에　①오키나와에게 살고　싶습니다.　오키나와는　　일본이지만　외국처럼　바다도　아름답고　음식도　맛있습니다.　지금까지　②몇　번도　가　봤지만　갈　때마다　즐겁고　볼　것이　많습니다.　관광지나　시장을　구경하는　것도　재미있지만,　사람이　없는　바닷가에서　조용히　걷는　것도　좋습니다.　또　오키나와에는　섬이　많이　있는데　배나　③비행기에 타고　섬에　갈　수도　있습니다.　섬에서는　낚시와　여러가지　스포츠도　할　수　있습니다.　나이가　들어서　오키나와의　조용하고　작은　섬에서　낚시를　하면서　자연과　함께　사는　것이　☆제 꿈입니다.

POINT

分かち書き

☆ 제꿈입니다（×）→ 제 ∨ 꿈입니다（○）　私の夢です

「제（私の）」と「꿈입니다（夢です）」の間は分かち書きをします。韓国語では名詞と助詞はくっつけて書いて、その後は分かち書きをします。
　　ex）제 친구입니다.　私の友達です。
　　　　저의 부모님은 시골에서 사십니다.　私の両親は田舎で暮らしています。

語彙・文法

① 오키나와에게（×）→ 오키나와에 / 오키나와에서（○）　沖縄に、沖縄で

「〜に住む」は「-에 살다（〜に住む）」または「-에서 살다（〜で暮らす）」なので、「오키나와에 살고 싶습니다（沖縄に住みたいです）」「오키나와에서 살고 싶습니다（沖縄で暮らしたいです）」といいます。ちなみに、韓国語では場所や時間などは「-에（に）」を使いますが、人には「-에게/한테（に）」を使うので、注意しましょう（p.299参照）。
　　ex）학교에 가요.　学校に行きます。
　　　　4시에 만나요.　4時に会います。
　　　　여동생에게 주었습니다.　妹にあげました。

② 몇 번도（×）→ 몇 번이나（○）　何度も

添加の意味を表す助詞「も」は韓国語で「도」ですが、予想より数量が多いことを強調する時に使う助詞「も」は韓国語で「-(이)나」を使います。
　　ex）이것도 주세요.　これもください。（添加）
　　　　한 시간이나 기다렸어요.　1時間も待ちました。（強調）
　　　　세 개나 먹었어요.　3個も食べました。（強調）

③ 비행기에 타고（×）→ 비행기를 타고（○）　飛行機に乗って

「〜に乗る」は「-를/을 타다」なので、助詞に注意しましょう。
　　ex）자전거를 탑니다.　自転車に乗ります。
　　　　버스를 탔어요.　バスに乗りました。

作文例を見てみましょう (2)

例2.　여러분은 어디에서 살고 싶습니까? 왜 그곳에서 살고 싶습니까? 그곳에 살면서 무엇을 하고 싶습니까? 여러분이 살고 싶은 곳에 대해서 쓰십시오.
　　　みなさんはどこに住みたいですか？なぜそこに住みたいですか？そこに住んで何がしたいですか？みなさんの住みたい所について書きなさい。

　　저는　한국에서　살고　싶어요.
저는　한국　드라마를　좋아해서
2년　전부터　한국어　공부를
시작하게　되었어요.　처음에는
어려웠지만,　한국어는　일본어와
비슷해서　☆영어　보다　공부하기
가　더　①쉬어요.　또　제　남자
친구도　한국　사람이고　②친구
안에는　한국　사람도　많아요.
한국　여행도　자주　가고　한국
음식도　아주　좋아해요.　그래서
저는　3년　후에는　회사를　③그
만둬서　한국에　가려고　해요.
한국에　살면서　취직도　하고
남자　친구하고　결혼도　하고
싶어요.　한국에　살면서　한국에
대해서　더　많이　알고　싶어요.

120

POINT

分かち書き

☆ 영어 ∨ 보다（×）→ 영어보다（○）　英語より

「名詞＋助詞」はくっつけて書きます。
　　ex） 저는　私は　　　여기가　ここが　　　그것을　それを　　　저기에서　あそこで

語彙・文法

① 쉬어요（×）→ 쉬워요（○）　易しいです

「쉽다（易しい、簡単だ）」はㅂ不規則用言なので、해요体は「쉬워요」になります。「쉬다（休む）」の해요体「쉬어요」と発音やスペルが似ていて、間違いやすいので、注意しましょう。
　　ex） 시험 문제가 쉬웠어요.　試験問題が簡単でした。
　　　　 집에서 쉬었어요.　家で休みました。

② 친구 안에는（×）→ 친구 중에는（○）　友達の中には

「中」は韓国語で「중, 안, 속」といいますが、「중」は「사람들 중（人々の中）, 식사 중（食事中）」のように「多くの中（複数の選択肢がある場合）、〜している間」という意味を表します。また、「안」は「교실 안（教室の中）」のように目で確認できる空間の中を、「속」は「땅 속（土の中）」のように目で確認できない中を表します（p.191参照）。
　　ex） 가족 중에서 누구를 닮았어요?　家族の中で誰に似ていますか？
　　　　 방 안에 시계가 있어요.　部屋の中に時計があります。
　　　　 머리 속이 복잡해요.　頭の中が複雑です。

③ 그만둬서（×）→ 그만두고（○）　辞めて

「会社を辞めてから韓国に行こうと思います」は「会社を辞めた後に韓国に行く」という単純な時間的順序を表すので、ここでは「-고」を使います。「-아/어서」は理由や、前後の内容のつながりが強い時間的順序を表すので、ここでは使いません（p.263、265、283参照）。
　　ex） 그 사람은 회사를 그만두고 사업을 시작했어요.
　　　　　その人は会社を辞めて、事業を始めました。
　　　　 그 사람이 회사를 그만둬서 새로운 사람이 왔어요.
　　　　　その人が会社を辞めたので、新しい人が来ました。

間違いを探しましょう

次の文章の間違いを探し、適切な表現に直しなさい。

(1) 지금은 도시에서 살지만, 나중에는 시골에게 살고 싶습니다.

(2) 이 영화는 너무 재미있어서 세 번도 봤어요.

(3) 회사에 갈 때는 언제나 자전거에 타고 갑니다.

(4) 요즘 평일에 일이 너무 바빠서 주말에는 보통 집에서 쉬워요.

(5) 저는 말하기보다 쓰기가 더 쉬어요.

(6) 한국 음식 속에서 무슨 음식을 제일 좋아해요?

(7) 오늘은 아침에 청소를 해서 오후에는 친구를 만나서 영화를 볼 거예요.

解答

(1) 시골에게 → 시골에서(시골에)　今は都市で暮らしているけれど、将来は田舎で暮らしたいです。
[Hint]「~に住む」は「-에 살다」または「-에서 살다 (で暮らす)」といいます。「-에게」は「(人)に」です。

(2) 세 번도 → 세 번이나　この映画はとても面白くて3回も見ました。
[Hint] 予想より数量が多い時に使う助詞「も」は「-(이)나」を使います。

(3) 자전거에 → 자전거를　会社に行く時はいつも自転車に乗って行きます。
[Hint]「~に乗る」は「-를/을 타다」です。

(4) 쉬워요 → 쉬어요　最近、平日に仕事がとても忙しくて週末は大体家で休みます。
[Hint]「쉬다 (休む)」の해요体は「쉬어요」です。

(5) 쉬어요 → 쉬워요　私は会話より作文の方がもっと易しいです。
[Hint]「쉽다 (易しい、簡単だ)」の해요体は「쉬워요」です。

(6) 속에서 → 중에서　韓国の食べ物の中でどんな食べ物が一番好きですか?
[Hint]「多くの中 (複数の選択肢がある場合)、~している間」という意味を表す韓国語は「중」です。「속」は「땅 속 (土の中)」のように目で確認できない中を表します。

(7) 해서 → 하고　今日は朝掃除をして、午後には友達に会って映画を見るつもりです。
[Hint]「-아/어서」は理由や、前後の内容のつながりが強い時間的順序を表すので、単純な時間的順序を表す場合は「-고」を使います。

作文を読んでみましょう（1）

次の文章を読んで、質問に答えなさい。

> 제가 나중에 살고 싶은 장소는 동경의 기치조지입니다. ㉠그곳에는 유명한 공원이 있고 예쁜 카페와 여러가지 가게도 많습니다. ㉡_____ 전철과 버스가 많아서 교통도 편리합니다. 기치조지에 살면서 주말에는 공원에서 산책한 후에 카페에서 커피를 마시면서 독서를 하고 싶습니다. 근처에 사는 친구하고 ㉢같이 멋진 옷가게에 가서 쇼핑도 하고 싶습니다. 기치조지에서 살면 하루하루가 정말 행복할 것 같습니다. ㉣_____ 저는 나중에 기치조지에 살고 싶습니다.

(1) 本文を読み、次の①～③が本文の内容と同じ時は○、異なる時には×をつけなさい。
①저는 이따가 친구하고 같이 쇼핑을 갈 것입니다. （　　）
②저는 지금 친구하고 같이 쇼핑을 하고 있습니다. （　　）
③저는 나중에 기치조지에 살면 좋겠습니다. （　　）

(2) ㉠の「그곳」が指しているものを本文の中から探しなさい。

(3) ㉢と同じ意味のものを次の①～④から選びなさい。
①함께　　②아마　　③일찍　　④혹시

(4) ㉡と㉣に最も適切な接続詞を入れなさい。
㉡ _____
㉣ _____

(5) 次の質問に韓国語で答えなさい。
①기치조지는 어떤 곳입니까?
（　　　　　　　　　　　　　　　　　　　　　　　　　　）
②기치조지는 살기 불편합니까?
（　　　　　　　　　　　　　　　　　　　　　　　　　　）

解答

> 　　私が将来住みたい場所は東京の吉祥寺です。㋐ そこには有名な公園があって、きれいなカフェといろいろなお店も多いです。㋑ ＿＿＿＿、電車とバスが多くて交通も便利です。吉祥寺に住んで、週末には公園で散歩をした後にカフェでコーヒーを飲みながら読書をしたいです。近くに住む友達と㋒ 一緒に素敵な洋服屋に行ってショッピングもしたいです。吉祥寺に住むと一日一日が本当に幸せになりそうです。㋓ ＿＿＿＿、私は将来吉祥寺に住みたいです。

(1)
　①私はあとで友達と一緒にショッピングに行くつもりです。（×）
　②私は今、友達と一緒にショッピングをしています。（×）
　③私は将来吉祥寺に住めたらいいなと思います。（○）

(2)　동경의 기치조지　東京の吉祥寺

(3)　①함께
　①함께　一緒に　　②아마　たぶん　　③일찍　早く　　④혹시　もしかして

(4)　㋑ 그리고　そして
　　㋓ 그래서　それで

(5)
　①吉祥寺はどんな所ですか？
　　기치조지는 유명한 공원이 있고, 예쁜 카페와 여러가지 가게도 많고, 교통도 편리한 곳입니다. 吉祥寺は有名な公園があって、きれいなカフェといろいろなお店も多くて、交通も便利な所です。

　②吉祥寺は住みにくいですか？
　　아니요. 기치조지는 가게도 많고 교통도 편리한 살기 좋은(편한) 곳입니다. いいえ。吉祥寺は店も多くて、交通も便利な住みやすい所です。

作文を読んでみましょう (2)

次の文章を読んで、質問に答えなさい。

> 저는 나중에 시골에서 살고 싶어요. 제 고향은 시골인데 지금은 일 때문에 동경에 살고 있어요. 동경은 교통도 편리하고 여러가지 가게도 많아서 ㉠살기 편해요. 하지만, 공기도 별로 안 좋고 자연도 별로 없어요. 제 고향은 아름다운 강과 산이 있고 경치가 아름다운 곳이에요. 사계절마다 아름다운 꽃이 피고 강에서 수영이나 낚시도 할 수 있어요. 그래서 휴가 때는 고향에 내려가서 ㉡강아지하고 같이 시골 길을 산책하면서 이런 시골의 경치를 즐겨요. 나중에는 꼭 시골에 살고 싶어요.

(1) 本文を読み、次の①～③が本文の内容と同じ時は○、異なる時には×をつけなさい。
　①저는 자연을 싫어합니다. (　　)
　②저는 시골을 좋아합니다. (　　)
　③시골은 교통이 편하고 경치가 아름답습니다. (　　)

(2) ㉠と同じ意味のものを次の①～④から選びなさい。
　①살기 싫어요　②살기 어려워요　③살기 좋아요　④살기 불편해요

(3) 「봄, 여름, 가을, 겨울」の意味を持つ単語を本文の中から探しなさい。

(4) ㉡と同じ意味のものを次の①～④から選びなさい。
　①말　②새　③개　④뱀

(5) 次の質問に韓国語で答えなさい。
　①이 사람은 왜 지금 동경에 삽니까?
　(　　　　　　　　　　　　　　　　　　　　　　)
　②이 사람은 보통 고향에 가면 무엇을 합니까?
　(　　　　　　　　　　　　　　　　　　　　　　)

解答

> 　私は将来、田舎で暮らしたいです。私の故郷は田舎ですが、今は仕事のために東京に住んでいます。東京は交通も便利で、いろいろなお店も多くて㋑<u>住みやすいです</u>。けれども、空気もあまりよくなくて、自然もあまりありません。私の故郷は美しい川と山があって、景色が美しい所です。四季折々美しい花が咲いて、川で水泳や釣りもできます。それで、休暇の時は故郷に行って、㋺<u>子犬</u>と一緒に田舎道を散歩しながら、このような田舎の景色を楽しみます。将来は必ず田舎に住みたいです。

(1)
　①私は自然が嫌いです。（×）
　②私は田舎が好きです。（〇）
　③田舎は交通が便利で、景色が美しいです。（×）

(2) 　③살기 좋아요
　①살기 싫어요　　住むのが嫌です　　②살기 어려워요　　住みにくいです
　③살기 좋아요　　住みやすいです　　④살기 불편해요　　住みにくいです

(3) 　사계절　四季

(4) 　③개
　①말　馬　　②새　鳥　　③개　犬　　④뱀　ヘビ

(5)
　①この人はなぜ今東京に住んでいますか？
　　일 때문입니다. 仕事のためです。／일 때문에 동경에 삽니다. 仕事のために東京に住んでいます。

　②この人は普通、故郷に行くと何をしますか？
　　강아지하고 같이 시골길을 산책하면서 아름다운 시골의 경치를 즐깁니다. 子犬と一緒に田舎道を散歩しながら美しい田舎の景色を楽しみます。

作文の前にウォーミングアップ

1. 次の単語や語句を並び替えて、文章を完成させなさい。

(1) 는 신주쿠 저 살아요 에서

→ _____

(2) 집 역 에서 우리 멉니다 은

→ _____

(3) 가 에서 저 바다 곳 는 싶어요 가까운 살고

→ _____

(4) 을 왜냐하면 수영하는 는 좋아하기 저 것 때문입니다

→ _____

(5) 싶습니다 를 수영 바다 이나 살고 에서 낚시 하면서

→ _____

2. 次の質問に韓国語で答えなさい。

(1) 지금 어디에서 삽니까?

(2) 지금 사는 곳은 어떤 곳입니까?

(3) 나중에는 어디에 살고 싶습니까? 그곳은 어떤 곳입니까?

(4) 왜 그곳에서 살고 싶습니까?

(5) 그곳에서 살면서 무엇을 하고 싶습니까?

解答

1.
(1) 저는 신주쿠에서 살아요.　私は新宿に住んでいます。
(2) 우리 집은 역에서 멉니다.　私の家は駅から遠いです。
(3) 저는 바다가 가까운 곳에서 살고 싶어요.　私は海が近い所に住みたいです。
(4) 왜냐하면 저는 수영하는 것을 좋아하기 때문입니다.　なぜならば、私は泳ぐのが好きだからです。
(5) 바다에서 수영이나 낚시를 하면서 살고 싶습니다.　海で水泳や釣りをしながら暮らしたいです。

2.
(1) 今、どこに住んでいますか？
[Hint]「저는 -에 삽니다/살고 있습니다 (私は〜に住んでいます), 저는 -에서 삽니다/살고 있습니다 (私は〜で暮らしています)」などを使うことができます。

(2) 今住んでいる所はどんな所ですか？

(3) 将来はどこに住みたいですか？そこはどんな所ですか？

(4) なぜそこに住みたいですか？

(5) そこで暮らしながら何がしたいですか？

語彙力をアップしましょう

基本語彙と表現

도시 都市	시골 田舎
외국 外国　　　한국 韓国	일본 日本
동경 東京	서울 ソウル
나중에 あとで	공기가 좋다 空気がいい
교통이 편리하다 交通が便利だ	교통이 불편하다 交通が不便だ
가게가 많다 店が多い	일을 그만두다 仕事を辞める
유학을 가다 留学に行く	행복하게 살다 幸せに暮らす
-에/에서 살고 싶다 ～に住みたい、～で暮らしたい	

使える語彙と表現

아파트 マンション	단독주택 一軒家
기숙사 寮	정년퇴직 定年退職
가족 家族	친척 親戚
회사를 그만둔 후에 会社を辞めた後に	
자연과 함께 自然と一緒に	
집을 짓다 家を建てる	경치가 좋다 景色がいい
공기가 맑다 空気が澄んでいる	동물을 키우다 動物を飼う
살기 편하다＝살기 좋다 住みやすい	
조용히 살다 静かに暮らす	

作文を書いてみましょう

※다음을 읽고 150~300자로 글을 쓰십시오(띄어쓰기 포함).
　次の問題を読んで、150~300字以内（分かち書きを含む）で文章を書きなさい。

　여러분은 어디에서 살고 싶습니까? 왜 그곳에서 살고 싶습니까? 그곳에 살면서 무엇을 하고 싶습니까? 여러분이 살고 싶은 곳에 대해서 쓰십시오.

(1) マインドマップを描きましょう

　まず、住みたい所について書きたいことを思い出しながら、マインドマップを作成しましょう。書いた部分についてもさらに思い出したことがあれば書き足してもいいです。文章ではなく単語や語句で書きましょう。必ず次のポイントが入るように書き、書き終わったら、それぞれのポイントに番号を付けておきましょう。制限時間は15~20分です。

作文ポイント：①住みたい所　②理由　③そこでしたいこと

住みたい所

(2) 作文を書いてみましょう

　左のページのマインドマップをもとに作文を書いてみましょう。①から③の順番は変えてもいいですが、順番通りに書いていけばうまく書けます。制限時間は35～40分です。

私だけのメモ帳

次の単語から連想されるものを書いてみましょう。

(1) 場所

(2) 動物

私だけのチェックリストを作ってみましょう。

(1) ＿＿＿＿＿＿＿＿

(2) ＿＿＿＿＿＿＿＿

STEP 3

5. 会いたい人

- 136 **作文例を見てみましょう（1）**
  Point
- 138 **作文例を見てみましょう（2）**
  Point
- 140 **間違いを探しましょう**…解答
- 142 **作文を読んでみましょう（1）**…解答
- 144 **作文を読んでみましょう（2）**…解答
- 146 **作文の前にウォーミングアップ**…解答
- 149 **語彙力をアップしましょう**
  基本語彙と表現
  使える語彙と表現
- 150 **作文を書いてみましょう**
  （1）マインドマップを描きましょう
  （2）作文を書いてみましょう
- 152 **私だけのメモ帳**

作文例を見てみましょう（1）

例1.　여러분은 누구를 만나고 싶습니까? 그 사람을 왜 만나고 싶습니까? 그 사람을 만나서 무엇을 하고 싶습니까? 여러분이 만나고 싶은 사람에 대해 쓰십시오.

　　みなさんは誰に会いたいですか？その人になぜ会いたいですか？その人に会って何がしたいですか？みなさんが会いたい人について書きなさい。

　　저는 15년 전 처음으로 독일에 갔을 때 만난 한국 사람을 다시 만나고 싶습니다. 공항에서 버스를 타려고 했을 때 저는 독일말을 잘 ①못했어서 버스 기사 아저씨가 하는 말을 알 수 없었습니다. 그런데 그때 어떤 한국 사람이 저를 도와주었습니다. 그 사람은 독일말도 잘하고 일본말도 ☆할 수 있었습니다. 그 후에 저는 독일에서 6년간 살았는데 독일에서도 그 사람을 가끔 만났습니다. 일본에 돌아와서는 못 연락했지만 ②다시 한번 그 사람을 꼭 만나고 싶습니다. 다시 만나면 이번에는 제가 한국말으로ー③이야기를 할 겁니다.

POINT

分かち書き

☆ 할수있었습니다（×）→ 할 ∨ 수 ∨ 있었습니다（○）　できました

「-(으)ㄹ 수 있다/없다（～することができる／できない）」は「수」の前後で分かち書きをします。
　　ex) 갈 수 있습니다．行けません。　　먹을 수 없어요．食べられません。

語彙・文法

① 못했어서（×）→ 못해서（○）　できなくて

「ドイツ語ができなかったので」という意味ですが、「-아/어서（～て）」は過去形を使わないので、「못해서」になります。一方、「-기 때문에、-(으)니까」を使う場合は、「못했기 때문에，못했으니까（～できなかったので）」のように過去形を使います。
　　cf) 지난주는 일이 [많아서（○）／많았어서（×）] 힘들었어요．
　　　　先週は仕事が多くて大変でした。
　　　오늘은 시간이 [없어서（○）／없었어서（×）] 점심도 못 먹었어요．
　　　　今日は時間がなくてお昼も食べられませんでした。

② 못 연락했지만（×）→ 연락 못 했지만（○）　連絡できませんでしたが

不可能を表す否定の副詞「못」は、「하다」動詞（「名詞＋하다」）と一緒に使われる場合は「하다」のすぐ前に置き、分かち書きをします。ただし、「수영을 못해요（泳げません、水泳が下手です）」のようにその能力がないことを表す場合は「못」は「하다」にはくっつけて書きます。
　　ex) 전화 못 했습니다．電話できませんでした。（不可能）
　　　　요리를 못해요．料理が下手です。（能力不足）

③ 한국말으로（×）→ 한국말로（○）　韓国語で

手段を表す助詞「で」は「(으)로」ですが、直前の名詞にパッチムがない場合は「로」、パッチムがある場合は「으로」、ㄹパッチムの場合は「로」を使います（p.247参照）。
　　ex) 자전거로　自転車で　　손으로　手で　　지하철로　地下鉄で

作文例を見てみましょう (2)

例2.　여러분은 누구를 만나고 싶습니까? 그 사람을 왜 만나고 싶습니까? 그 사람을 만나서 무엇을 하고 싶습니까? 여러분이 만나고 싶은 사람에 대해 쓰십시오.

　　　みなさんは誰に会いたいですか？その人になぜ会いたいですか？その人に会って何がしたいですか？みなさんが会いたい人について書きなさい。

① 저가 지금 가장 ☆만나고 싶은 사람은 이병헌 씨예요. 이병헌 씨는 제가 제일 좋아하는 한국 배우인데 지금까지 이병헌 씨를 공항에서 두 번 본 적이 있어요. 하지만, 더 가까이에서 보고 싶어요. 그리고 이병헌 씨를 만나서 같이 하고 싶은 일도 많아요. 봄에는 드라마 ②촬영지의 여의도에 가서 같이 산책하면서 많은 이야기를 하고 싶어요. 여름에는 아름다운 섬에 가서 같이 수영을 하고 싶어요. 가을에는 ③멋있은 카페에서 차를 마시면서 영화 이야기를 듣고 싶어요. 겨울에는 그의 집에서 와인을 마시면서 같이 영화감상을 하고 싶어요.

POINT

分かち書き

☆ 만나고싶은（×）→ 만나고 ∨ 싶은（○）　会いたい（連体形）

「-고 싶다（～したい）」は「-고」と「싶다」の間で分かち書きをします。
　ex）하고 싶은 것　やりたいこと　　먹고 싶은 것　食べたいもの

語彙・文法

① 저가（×）→ 제가（○）　私が

「私」は「저」、助詞「が」は「가/이」ですが、「私が」は「제가」といいます。また、対等や目下の人に対して使う「나」も、「私が」は「나가（×）」ではなく、「내가（○）」になります。ちなみに、「제」と「내」は「私の」の意味です。

② 촬영지의（×）→ 촬영지인（○）　撮影地の

助詞「の」は韓国語の「의」ですが、２つの名詞が同格を表す「名詞＋の＋名詞」の構造における「の」は「-이다（～である）」の連体修飾「-인」を使って表します。また、所有、所属などを表す助詞「의（の）」は省略できますが、同格を表す「-인（～である）」は省略できません。（p.209、281参照）。
　ex）대학생인 남동생　大学生の弟　　　회사원인 친구　会社員の友達
　　　친구(의) 책　友達の本　　　　　　회사(의) 상사　会社の上司

③ 멋있은（×）→ 멋있는（○）　素敵な

形容詞の連体形は「크다（大きい）－큰 가방（大きい鞄）」「작다（小さい）－작은 가방（小さい鞄）」のようにパッチムの有無によって「-ㄴ/은」のように活用します（p.229、245参照）。しかし、存在詞「있다/없다」と「-있다/없다」で終わる形容詞の現在連体形は「-는」です。
　ex）있다　ある・いる　→　남자 친구가 있는 사람　彼氏がいる人
　　　없다　ない・いない　→　돈이 없는 사람　お金がない人
　　　맛있다　美味しい　→　맛있는 음식　美味しい料理
　　　재미없다　面白くない　→　재미없는 영화　面白くない映画

間違いを探しましょう

次の文章の間違いを探し、適切な表現に直しなさい。

(1) 저는 아침부터 아무것도 안 먹었어서 너무 배가 고픕니다.

_____

(2) 저는 술을 마셔서 못 운전합니다.

_____

(3) 길이 막히니까 버스 말고 전철으로 갑시다.

_____

(4) 그 일은 저가 하겠습니다.

_____

(5) 이 사람이 제 친구의 수현이입니다.

_____

(6) 이것은 우리 할아버지인 시계입니다.

_____

(7) 요즘 영화 중에서 재미있은 영화가 있으면 가르쳐 주세요.

_____

解答

(1) 먹었어서 → 먹어서(먹었기 때문에)　私は朝から何も食べていないので、とてもお腹が空いています。
[Hint]「-아/어서（〜て）」は過去形を使わないので、「먹어서」になります。一方、「-기 때문에」を使う場合は、「먹었기 때문에（食べなかったので）」のように過去形もOKです。

(2) 못 운전합니다 → 운전 못 합니다　私はお酒を飲んだので、運転できません。
[Hint] 不可能を表す否定の副詞「못」は、「하다」動詞と一緒に使われる場合は「하다」のすぐ前に置きます。

(3) 전철으로 → 전철로　道が混むので、バスではなくて電車で行きましょう。
[Hint] 手段の「〜で」は「-(으)로」ですが、直前の名詞にパッチムがない場合は「-로」、パッチムがある場合は「-으로」、ㄹパッチムの場合は「-로」を使います。

(4) 저가 → 제가　その仕事は私がやります。
[Hint]「私」は「저」、助詞「が」は「가/이」ですが、「私が」は「제가」といいます。

(5) 친구의 → 친구인　この人が私の友達のスヒョンです。
[Hint] 2つの名詞が同格を表す「名詞＋の＋名詞」の構造における「の」は「-이다（〜である）」の連体修飾「-인」を使って表します。

(6) 할아버지인 → 할아버지(의)　これは私のおじいさんの時計です。
[Hint] 所有、所属などを表す助詞は「의（の）」です。また、この場合の「의（の）」は省略できます。

(7) 재미있은 → 재미있는　最近の映画の中で面白い映画があれば教えてください。
[Hint]「-있다/없다」で終わる形容詞の現在連体形は「-는」です。

作文を読んでみましょう（1）

次の文章を読んで、質問に答えなさい。

> 저는 할머니를 만나고 싶습니다. 우리 할머니는 6년 전에 돌아가셨습니다. 여든아홉 살이셨습니다. 할머니는 돌아가시기 3년 전부터 입원과 퇴원을 계속하셨습니다. 하지만, ㉠언제나 웃으시는 할머니의 ㉡얼굴이 지금도 가장 생각납니다. 그런데 할머니는 한 번도 외국 여행을 해 본 적이 없으셨습니다. 그래서 저는 할머니를 만날 수 있으면 할머니하고 같이 외국 여행을 가고 싶습니다. 한국, 미국, 영국, 프랑스 등 여러 나라에 가서 그 나라의 맛있는 음식을 먹으면서 많이 이야기를 하고 싶습니다. 그리고 할머니의 ㉢웃는 얼굴을 다시 한번 보고 싶습니다.

(1) 本文を読み、次の①〜③が本文の内容と同じ時は○、異なる時には×をつけなさい。
　①우리 할머니는 89세에 돌아가셨습니다. （　　）
　②할머니는 3년 전에 병원에 입원하셨습니다. （　　）
　③저는 할머니하고 외국 여행을 갈 것입니다. （　　）

(2) ㉠と同じ意味のものを次の①〜④から選びなさい。
　①혼자　②항상　③벌써　④무척

(3) ㉡と関連がないものを次の①〜④から選びなさい。
　①눈　②코　③입　④발

(4) ㉢の「웃는」と反対の意味のものを次の①〜④から選びなさい。
　①노는　②우는　③자는　④쉬는

(5) 次の質問に韓国語で答えなさい。
　①이 사람의 기억 속에 있는 할머니는 어떤 모습입니까?
　（　　　　　　　　　　　　　　　　　　　）
　②이 사람이 할머니하고 해 보고 싶은 것은 무엇입니까?
　（　　　　　　　　　　　　　　　　　　　）

解答

　　私はおばあさんに会いたいです。私のおばあさんは6年前に亡くなりました。89歳でした。おばあさんは亡くなる3年前から入院と退院を繰り返していました。けれども、㋐いつも笑っているおばあさんの㋑顔が今でも一番よく思い出されます。ところで、おばあさんは1回も海外旅行に行ったことがありませんでした。それで、私はおばあさんに会えることができたら、おばあさんと一緒に海外旅行に行きたいです。韓国、アメリカ、イギリス、フランスなどいろいろな国へ行って、その国の美味しい料理を食べながらたくさん話したいです。そして、おばあさんの㋒笑顔をもう一度見たいです。

(1)
　①私のおばあさんは89歳に亡くなりました。（○）
　②おばあさんは3年前に入院しました。（×）
　③私はおばあさんと外国旅行に行くつもりです。（×）

(2)　②항상
　①혼자　1人で　　②항상　いつも　　③벌써　すでに　　④무척　非常に

(3)　④발
　①눈　目　　②코　鼻　　③입　口　　④발　足

(4)　②우는
　①노는　遊ぶ　　②우는　泣く　　③자는　寝る　　④쉬는　休む

(5)
①この人の記憶に残っているおばあさんはどんな姿ですか？
　할머니는 언제나 웃고 계셨습니다.　おばあさんはいつも笑っていらっしゃいました。／
　언제나 웃으시는 얼굴이 가장 생각납니다.　いつも笑っている笑顔が一番思い出されます。

②この人がおばあさんとやってみたいことは何ですか？
　같이 외국 여행을 가는 것입니다.　一緒に海外旅行に行くことです。

STEP 3. 作文・読解編　5. 会いたい人　143

作文を読んでみましょう (2)

次の文章を読んで、質問に答えなさい。

> 저는 산타클로스 할아버지를 만나고 싶어요. 어렸을 때는 매년 크리스마스 이브가 되면 산타클로스 할아버지를 기다렸어요. 한 번도 만난 적은 없었지만, 크리스마스 아침에는 항상 ㉠□ 속에 선물이 있어서 산타클로스가 있다고 생각했어요. 그런데 초등학생 때 산타클로스가 없다는 것을 알게 된 후에는 산타클로스를 기다리지 않았어요. 크리스마스는 부모님께 선물을 받는 ㉡□이 되었어요. 그리고 지금은 제가 아이들에게 선물을 주는 산타클로스가 되었어요. 그래서 산타클로스를 만나면 꼭 물어보고 싶어요. 왜 ㉢어른에게 선물을 주는 산타클로스는 없어요?

(1) 本文を読み、次の①～③が本文の内容と同じ時は○、異なる時には×をつけなさい。
   ①저는 산타클로스 할아버지를 매년 만났습니다. (　　)
   ②저는 산타클로스 할아버지를 한 번밖에 만난 적이 없습니다. (　　)
   ③지금 저는 아이들의 산타클로스가 되었습니다. (　　)

(2) ㉠に入る最も適切なものを次の①～④から選びなさい。
   ①모자　　②양말　　③손수건　　④수첩

(3) ㉡に入る最も適切なものを次の①～④から選びなさい。
   ①중　　②곳　　③날　　④일

(4) ㉢と反対の意味のものを本文の中から探しなさい。

(5) 次の質問に韓国語で答えなさい。
   ①이 사람은 왜 이제 산타클로스를 기다리지 않습니까?
   (　　　　　　　　　　　　　　　　　　　　　　　　　　　　　)
   ②이 사람은 지금은 크리스마스 이브 때 무엇을 합니까?
   (　　　　　　　　　　　　　　　　　　　　　　　　　　　　　)

解答

　　私はサンタクロースのおじいさんに会いたいです。子供の時は毎年クリスマスイブになると、サンタクロースのおじいさんを待っていました。一度も会ったことはありませんでしたが、クリスマスの朝にはいつも㋐□□□□の中にプレゼントがあったので、サンタクロースがいると思っていました。ところが、小学生の時、サンタクロースがいないということを知ってからはサンタクロースを待たなくなりました。クリスマスは両親にプレゼントをもらう㋑□□□□になりました。そして、今は私が子供達にプレゼントをあげるサンタクロースになりました。そこで、サンタクロースに会ったらぜひ聞いてみたいです。なぜ㋒<u>大人</u>にプレゼントをくれるサンタクロースはいないのですか？

(1)
①私はサンタクロースのおじいさんに毎年会いました。（×）
②私はサンタクロースのおじいさんに一回しか会ったことがありません。（×）
③今、私は子供達のサンタクロースになりました。（○）

(2)　②양말
　①모자　帽子　②양말　靴下　③손수건　ハンカチ　④수첩　手帳

(3)　③날
　①중　中　②곳　所　③날　日（固有語）　④일　日（漢字語）
[Hint]「어린이 날（子供の日），비가 오는 날（雨が降る日）」などのように「〜の日、〜する日」を表す場合は、「날」を使います。

(4)　아이(들)　子供（達）

(5)
①この人はなぜ、もうサンタクロースを待たなくなりましたか？
　왜냐하면 초등학생 때 산타클로스가 없다는 것을 알게 되었기 때문입니다.　なぜならば、小学生の時、サンタクロースがいないということを知ったからです。

②この人は今はクリスマスイブの時、何をしますか？
　산타클로스 대신에 아이들에게 선물을 줍니다.　サンタクロースの代わりに子供達にプレゼントをあげます。

STEP 3. 作文・読解編　5. 会いたい人　145

作文の前にウォーミングアップ

1. 次の単語や語句を並び替えて、文章を完成させなさい。

(1) 만나고 계시는 는 저 고향 에 할아버지 를 싶어요.

　→

(2) 만났습니다 때 여름 휴가 작년

　→

(3) 사세요 건강하게 오래 앞으로도 오래

　→

(4) 싶습니다 산책 하고 같이 을

　→

2. 次の質問に韓国語で答えなさい。

(1) 지금 누구를 만나고 싶습니까?

(2) 그 사람을 만난 적이 있습니까? 언제 만났습니까? 최근에 만났습니까?

(3) 그 사람에게 하고 싶은 말이 있습니까? 무슨 말을 하고 싶습니까?

(4) 그 사람을 만나서 무엇을 하고 싶습니까?

解答

1.
(1) 저는 고향에 계시는 할아버지를 만나고 싶습니다.　私は故郷にいらっしゃるおじいさんに会いたいです。
(2) 작년 여름 휴가 때 만났어요.　去年の夏の休暇の時、会いました。
(3) 앞으로도 건강하게 오래 오래 사세요.　これからも元気に長生きをしてください。
(4) 같이 산책을 하고 싶습니다　一緒に散歩がしたいです。

2.
(1) 今、誰に会いたいですか？
[Hint]「-를/을 만나고 싶습니다（～に会いたいです），-를/을 보고 싶습니다（～に会いたいです）」などを使うことができます。

(2) その人に会ったことがありますか？いつ会いましたか？最近、会いましたか？

(3) その人に言いたいことがありますか？何を言いたいですか？

(4) その人に会って何がしたいですか？

語彙力をアップしましょう

基本語彙と表現

영화 배우　映画俳優	연예인　芸能人
가수　歌手	가끔　時々
꼭 한번　必ず一度	도와주다　助ける
고맙다　ありがたい	친절하다　親切だ
기억이 나다　思い出す	생각이 나다　思いつく
도움을 받다　助けられる	길을 잃다　道に迷う
-를/을 만나고 싶다　～に会いたい	

使える語彙と表現

선배　先輩	후배　後輩
외국　外国	은행　銀行
경찰서　警察署	오랫동안　長い間
앞으로　これから	아마　たぶん
인상이 좋다　印象がいい	인상이 나쁘다　印象が悪い
왜냐하면 -기 때문이다　なぜならば～だからである	
고맙다고 인사를 하고 싶다　ありがとうと伝えたい	

作文を書いてみましょう

※다음을 읽고 150~300자로 글을 쓰십시오(띄어쓰기 포함).
　次の問題を読んで、150～300字以内（分かち書きを含む）で文章を書きなさい。

　여러분은 누구를 만나고 싶습니까? 그 사람을 왜 만나고 싶습니까? 그 사람을 만나서 무엇을 하고 싶습니까? 여러분이 만나고 싶은 사람에 대해 쓰십시오.

(1) マインドマップを描きましょう

　まず、会いたい人について書きたいことを思い出しながら、マインドマップを作成しましょう。書いた部分についてもさらに思い出したことがあれば書き足してもいいです。文章ではなく単語や語句で書きましょう。必ず次のポイントが入るように書き、書き終わったら、それぞれのポイントに番号を付けておきましょう。制限時間は15～20分です。

作文ポイント：①会いたい人　②会いたい理由　③会って一緒にしたいこと

会いたい人

⑵ 作文を書いてみましょう

　左のページのマインドマップをもとに作文を書いてみましょう。①から③の順番は変えてもいいですが、順番通りに書いていけばうまく書けます。制限時間は35〜40分です。

[私だけのメモ帳]

次の単語から連想されるものを書いてみましょう。

(1) 人の呼び方

(2) 手紙・メール

私だけのチェックリストを作ってみましょう。

(1) _____

(2) _____

6. 旅行

- 154 作文例を見てみましょう（1）
    - Point
- 156 作文例を見てみましょう（2）
    - Point
- 158 間違いを探しましょう…解答
- 160 作文を読んでみましょう（1）…解答
- 162 作文を読んでみましょう（2）…解答
- 164 作文の前にウォーミングアップ…解答
- 167 語彙力をアップしましょう
    - 基本語彙と表現
    - 使える語彙と表現
- 168 作文を書いてみましょう
    - （1）マインドマップを描きましょう
    - （2）作文を書いてみましょう
- 170 私だけのメモ帳

作文例を見てみましょう（1）

例1. 　　여러분은 어디에 여행을 가 봤습니까? 그곳에서 무엇을 했습니까? 어땠습니까? 여러분의 여행 경험에 대해 쓰십시오.
　　　　みなさんはどこに旅行に行ったことがありますか？そこで何をしましたか？どうでしたか？みなさんの旅行経験について書きなさい。

　　저는 여행을 좋아해서 지금까지 외국에 여행을 많이 다녔습니다. 그 중에서도 특히 ☆5년 전에 간 영국 여행이 아주 좋았습니다. 그때는 남동생이 영국에서 유학을 하고 있었는데, 여름 휴가 때 어머니와 ①남동생에 만나러 갔습니다. 그리고 남동생이 안내를 해줘서 같이 관광을 했습니다. 영국은 옛날 건물이 많아서 ②보는 것이 많고 자연도 많아서 경치가 아름다웠습니다. 또 영국은 홍차가 ③유명인데, 저는 홍차를 아주 좋아해서 영국에 있는 동안 매일 마셨습니다. 일본에서 마시는 홍차보다 맛있었습니다. 다시 한번 영국에 가서 홍차를 마시고 싶습니다.

POINT

分かち書き

☆ 5년전에（×） → 5년ˇ전에（○）　5年前に

「名詞＋전에（前に）」「名詞＋후에（後に）」の場合、「前に」「後に」の前は分かち書きをします。
　　ex）운동 전에　運動の前に　　　식사 후에　食事の後に

語彙・文法

① 남동생에 만나러（×） → 남동생을 만나러（○）　弟に会いに

「～に会う」は「−를/을 만나다」なので、助詞に注意しましょう。
　　ex）친구를 만났습니다.　友達に会いました。

② 보는 것（×） → 볼 것（○）　見物

「볼 것（見るもの）」は名詞として固定化した表現ですが、未来形の連体形「-(으)ㄹ」を使います。同じく「구경할 것（見物），먹을 것（食べ物），마실 것（飲み物），탈 것（乗り物），쉴 곳（休む所），배울 곳（習う所）」なども名詞として固定化した表現で、未来形の連体形で表します。

一方、「영화를 보는 것을 좋아해요（映画を見るのが好きです），먹는 것을 좋아해요（食べるのが好きです）」のように習慣的な事柄や現在の事柄を表す時は連体形の現在形「-는」を使います（p.83参照）。

③ 유명인데（×） → 유명한데（○）　有名ですが

「학생입니다（学生です）」のように「名詞＋です」の「です」は「-입니다」ですが、「形容動詞＋です」の場合は状態性の名詞に付く接尾辞「-합니다」が付きます。形容動詞は次の「～な＋名詞」のように活用するものを指します（p.281参照）。
　　ex）편리하다　便利だ　→　편리한 교통　便利な交通　편리합니다　便利です
　　　　건강하다　健康だ　→　건강한 생활　健康な生活　건강합니다　健康です
　　　　친절하다　親切だ　→　친절한 사람　親切な人　　친절합니다　親切です

STEP 3. 作文・読解編　6. 旅行 **155**

作文例を見てみましょう（2）

例2. 여러분은 어디에 여행을 가 봤습니까? 그곳에서 무엇을 했습니까? 어땠습니까? 여러분의 여행 경험에 대해 쓰십시오.

みなさんはどこに旅行に行ったことがありますか？そこで何をしましたか？どうでしたか？みなさんの旅行経験について書きなさい。

　　저는 ☆사이판 하고 몰디브, 하와이에 가 본 적이 있어요. 매년 여름 휴가 때가 되면 외국으로 여행을 가요. 제 취미는 스킨스쿠버예요. 그래서 보통 바다가 아름다운 곳에 여행에 가는데①, 특히 몰디브는 바닷물이 아주 맑고 모래밭도 깨끗해서 ②최고이었어요. 자주 가고 싶지만, 일본에서 비행기로 14시간이나 걸려서 아주 멀으니까③ 쉽게 갈 수 없어요. 하지만, 이번 여름에는 꼭 다시 한번 몰디브에 가서 스킨스쿠버를 하고 싶어요.

POINT

分かち書き

☆ 사이판 ˅ 하고（×） → **사이판하고**（○）　サイパンと

「名詞＋助詞」はくっつけて書きます。
　　ex） 우리도　私達も　　　점원에게　店員に　　　1시부터　1時から
　　　　 4시까지　4時まで

語彙・文法

① 여행에 가는데（×） → **여행을 가는데**（○）　旅行に行くのですが

「～に行く」は韓国語で２つの表現があって、「場所」に行く場合は「-에　가다」を使いますが、「～をしに行く」のように「目的」を表す場合は「-를/을　가다」を使います。
　　ex） 바다에/학교에/한국에 가요.　海に／学校に／韓国に行きます。（場所）
　　　　 낚시를/출장을/유학을 가요.　釣りに／出張に／留学に行きます。（目的）

② 최고이었어요（×） → **최고였어요**（○）　最高でした

「名詞＋です／でした」は最後の文字のパッチムの有無によって形が違います。

直前の語	해요体		합니다体	
	（現在形）	（過去形）	（現在形）	（過去形）
パッチム× （母音語幹）	-예요　～です ex） 가수예요. 　　　歌手です。	-였어요　～でした ex） 가수였어요. 　　　歌手でした。	-입니다　～です ex） 가수입니다. 　　　歌手です。 　　　학생입니다. 　　　学生です。	-였습니다　～でした ex） 가수였습니다. 　　　歌手でした。
パッチム○ （子音語幹）	-이에요　～です ex） 학생이에요. 　　　学生です。	-이었어요　～でした ex） 학생이었어요. 　　　学生でした。		-이었습니다　～でした ex） 학생이었습니다. 　　　学生でした。

③ 멀으니까（×） → **머니까**（○）　遠いので

「멀다（遠い）」のようなㄹ語幹用言は、理由を表す「-(으)니까」と連結するとㄹが脱落し、「머니까」になります。
　　ex） 살다　住む　→　사니까　住むので
　　　　 만들다　作る　→　만드니까　作るので
　　　　 달다　甘い　→　다니까　甘いので

STEP 3. 作文・読解編　6. 旅行　157

間違いを探しましょう

次の文章の間違いを探し、適切な表現に直しなさい。

(1) 아까 도서관 앞에서 선생님에 만났습니다.

(2) 이따가 마시는 것 좀 사 오세요.

(3) 여기는 구경하는 것이 많아서 즐겁습니다.

(4) 외출하는 것보다 집에서 쉴 것이 좋아요.

(5) 저는 주말마다 운동을 해서 건강입니다.

(6) 오후에 언니하고 같이 쇼핑에 갈 겁니다.

(7) 여기는 작년까지 산였습니다.

(8) 옆에서 떠들으니까 아무것도 안 들려요.

(9) 이건 좀 길으니까 더 짧은 것으로 주세요.

解答

(1) 선생님에 → 선생님을　先ほど図書館の前で先生に会いました。
[Hint]「〜に会う」は「-를/을 만나다」です。

(2) 마시는 것 → 마실 것　後でちょっと飲み物を買って来てください。
[Hint]「마실 것（飲み物），먹을 것（食べもの），탈 것（乗り物）」などは名詞として固定化した表現で、未来形の連体形「-(으)ㄹ」で表します。

(3) 구경하는 것이 → 구경할 것이　ここは見るものが多くて楽しいです。
[Hint]「구경할 것（見物）」は名詞として固定化した表現で、未来形の連体形「-(으)ㄹ」で表します。

(4) 쉴 것이 → 쉬는 것이　外出するより家で休むのが好きです。
[Hint] 習慣的な事柄や現在の事柄を表す時は連体形の現在形「-는」を使います。

(5) 건강입니다 → 건강합니다　私は週末ごとに運動をするので、健康です。
[Hint]「名詞＋です」の「です」は「-입니다」ですが、形容動詞の場合は接尾辞「-합니다」が付きます。

(6) 쇼핑에 → 쇼핑을　午後に姉と一緒にショッピングに行く予定です。
[Hint]「場所」に行く場合は「-에 가다」を使いますが、「〜をしに行く」のように「目的」を表す場合は「-를/을 가다」を使います。

(7) 산였습니다 → 산이었습니다.　ここは去年まで山でした。
[Hint] パッチムがない名詞の過去形は「-였습니다, -였어요」、パッチムがある名詞の過去形は「-이었습니다, -이었어요」です。

(8) 떠들으니까 → 떠드니까　隣で騒ぐので、何も聞こえません。
[Hint]「떠들다（騒ぐ）」のようなㄹパッチム用言は、理由を表す「-(으)니까」と連結するとㄹが脱落します。

(9) 길으니까 → 기니까　これは少し長いので、もっと短いものをください。
[Hint]「길다（長い）」のようなㄹパッチム用言は、理由を表す「-(으)니까」と連結するとㄹが脱落します。

STEP 3. 作文・読解編　6. 旅行　159

作文を読んでみましょう (1)

次の文章を読んで、質問に答えなさい。

> 저는 작년 겨울에 친구를 만나러 홋카이도에 갔다 왔습니다. 그 친구는 미국 사람인데 일본 사람하고 결혼해서 삿포로에 삽니다. 8년 전에 결혼했는데 지금 아이가 두 명 있습니다. 친구 가족과 같이 홋카이도에서 제일 유명한 동물원에 갔습니다. ㉠겨울 방학이라서 사람들도 많고 매우 추웠지만, 동물들도 귀엽고 친구하고 같이 시간을 보내는 것은 정말 즐거웠습니다. 제 ㉡아내는 홋카이도에 가 본 적이 없어서 홋카이도 이야기를 듣고 ㉢아주 가고 싶어했습니다. 그래서 이번 여름 휴가 때는 아내와 같이 홋카이도에 갈 겁니다.

(1) 本文を読み、次の①～③が本文の内容と同じ時は○、異なる時には×をつけなさい。
 ①저는 작년에 결혼해서 삿포로에 삽니다. (　　)
 ②홋카이도에 사는 친구는 지금 아이가 2명 있습니다. (　　)
 ③제 아내는 홋카이도에서 시간을 보낸 것을 즐거워했습니다. (　　)

(2) ㉠と同じ意味のものを次の①～④から選びなさい。
 ①겨울 방학인데　　②겨울 방학처럼
 ③겨울 방학이기 때문에　　④겨울 방학이 되면

(3) ㉡と反対の意味のものを次の①～④から選びなさい。
 ①고모　②남편　③삼촌　④이모

(4) ㉢と同じ意味のものを次の①～④から選びなさい。
 ①바로　②새로　③그냥　④무척

(5) 次の質問に韓国語で答えなさい。
 ①홋카이도에 사는 이 사람의 친구는 어느 나라 사람입니까?
 (　　　　　　　　　　　　　　　　　　　　　　　　　)
 ②이 사람은 왜 이번 여름 휴가 때 아내와 같이 홋카이도에 가려고 합니까?
 (　　　　　　　　　　　　　　　　　　　　　　　　　)

解答

私は去年の冬、友達に会いに北海道に行ってきました。その友達はアメリカ人ですが、日本人と結婚して札幌に住んでいます。8年前に結婚したのですが、今子供が2人います。友達の家族と一緒に北海道で一番有名な動物園に行きました。㉠冬休みなので、人々も多くてとても寒かったけれど、動物もかわいくて、友達と一緒に時間を過ごすのはとても楽しかったです。私の㉡妻は北海道に行ったことがなくて、北海道の話を聞いて㉢とても行きたがっていました。それで、今度の夏の休暇の時は妻と一緒に北海道に行くつもりです。

(1)
　①私は去年結婚して札幌に住んでいます。（×）
　②北海道に住んでいる友達は今、子供が2人います。（〇）
　③私の妻は北海道で時間を過ごしたことをとても喜んでいました。（×）

(2)　③겨울 방학이기 때문에
　①겨울 방학인데　冬休みなのに　　②겨울 방학처럼　冬休みのように
　③겨울 방학이기 때문에　冬休みだから　④겨울 방학이 되면　冬休みになると

(3)　②남편
　①고모　父方のおば　②남편　夫　③삼촌　(父方の)おじ　④이모　(母方の)おば

(4)　④무척
　①바로　すぐ　②새로　新しく　③그냥　ただ　④무척　非常に

(5)
　①北海道に住んでいるこの人の友達はどこの国の人ですか？
　　미국 사람입니다.　アメリカ人です.

　②この人はなぜ今度の夏の休暇の時に奥さんと一緒に北海道に行こうと思っていますか？
　　이 사람의 아내는 홋카이도에 가 본 적이 없어서 홋카이도 이야기를 듣고 아주 가고 싶었기 때문입니다.　この人の奥さんは北海道に行ったことがなくて、北海道の話を聞いてとても行きたがっていたからです.

STEP 3. 作文・読解編　6. 旅行　161

作文を読んでみましょう (2)

次の文章を読んで、質問に答えなさい。

> 저는 작년에 친구와 함께 한국 여행을 갔다 왔어요. 우리들은 한국에 가는 것이 처음이라서 너무 걱정했지만, 일본어를 할 수 있는 한국 사람이 ㉠_____ 괜찮았어요. 서울에서 쇼핑도 많이 하고 수원에 가서 세계유산도 보았어요. ㉡_____도 많이 찍고 맛있는 음식도 먹고 아주 즐거운 여행을 할 수 있었어요. 시간이 있으면 ㉢다시 한국 여행을 가고 싶어요. 다음에는 한국의 아름다운 섬 제주도에 가 보고 싶어요.

(1) 本文を読み、次の①〜③が本文の内容と同じ時は○、異なる時には×をつけなさい。
　①저는 작년에 처음 한국에 가 보았습니다. (　　)
　②제 친구는 일본어를 못해서 걱정을 했습니다. (　　)
　③제주도는 음식도 맛있고 즐거운 곳이었습니다. (　　)

(2) ㉠に入る最も適切なものを次の①〜④から選びなさい。
　①가벼워서　　②커서　　③낮아서　　④많아서

(3) ㉡に最も適切な語彙を入れなさい。
　㉡ _____

(4) ㉢と同じ意味のものを次の①〜④から選びなさい。
　①더　　②또　　③참　　④및

(5) 次の質問に韓国語で答えなさい。
　①올해는 2014년입니다. 이 사람은 언제 한국 여행을 갔다 왔습니까?
　(　　　　　　　　　　　　　　　　　　　　　　　　　　　　　　　)
　②이 사람은 시간이 생기면 무엇을 할 것 같습니까?
　(　　　　　　　　　　　　　　　　　　　　　　　　　　　　　　　)

解答

私は去年、友達と一緒に韓国旅行に行ってきました。私達は韓国に行くのが初めてなので、とても心配しましたが、日本語ができる韓国人が㋐____大丈夫でした。ソウルでショッピングもたくさんして、水原に行って世界遺産も見ました。㋑____もたくさん撮って、美味しい料理も食べて、とても楽しい旅行ができました。時間があれば㋒ <u>また</u> 韓国旅行に行きたいです。今度は韓国の美しい島、済州島に行ってみたいです。

(1)
　①私は去年初めて韓国に行きました。（○）
　②私の友達は日本語ができなくて心配していました。（×）
　③済州島は食べ物も美味しくて楽しい所でした。（×）

(2)　④많아서
　①가벼워서　軽くて　　②커서　大きくて　　③낮아서　低くて　　④많아서　多くて

(3)　㋑사진　写真

(4)　②또
　①더　もっと　　②또　また　　③참　本当に　　④및　および

(5)
　①今年は2014年です。この人はいつ韓国旅行に行ってきましたか？
　　2013년에 갔다 왔습니다.　2013年に行ってきました。

　②この人は時間ができたら何をすると思いますか？
　　다시 한국 여행을 갈 것 같습니다.　また韓国旅行に行くと思います。／제주도에 여행을 갈 것 같습니다.　済州島に旅行に行くと思います。

STEP 3. 作文・読解編　6. 旅行　163

作文の前にウォーミングアップ

1. 次の単語や語句を並び替えて、文章を完成させなさい。

(1) 작년 가 에 보았습니다 파리 여름 에

→ _____

(2) 때 우산 여행갈 모자 는 가요 와 을 가지고

→ _____

(3) 많았습니다 는 파리 이 유명한 에 박물관

→ _____

(4) 미술관 보고 을 올라갔어요 그림 에펠탑 에서 에도

→ _____

(5) 가서 이탈리아 를 보고 에 싶습니다 피자 먹어

→ _____

2. 次の質問に韓国語で答えなさい。

(1) 지금까지 어디에 여행을 가 보았습니까?

(2) 여행 갈 때 보통 무엇을 가지고 갑니까? 다음에 꼭 가지고 가고 싶은 것은 무엇입니까?

(3) 지금까지 가 본 곳 중에서 어디가 가장 좋았습니까? 그곳은 어떤 곳입니까?

(4) 그곳에서 무엇을 했습니까? 본 것, 먹은 것, 한 것에 대해서 쓰십시오.

(5) 앞으로 어디에 가 보고 싶습니까? 그 이유는 무엇입니까?

解答

1.
(1) 작년 여름에 파리에 가 보았습니다.　去年の夏、パリに行きました。
(2) 여행갈 때는 모자와 우산을 가지고 가요.　旅行に行く時は、帽子と傘を持って行きます。
(3) 파리에는 유명한 박물관이 많았습니다.　パリには有名な博物館がたくさんありました。
(4) 미술관에서 그림을 보고 에펠탑에도 올라갔어요.　美術館で絵を見て、エッフェル塔にも上りました。
(5) 이탈리아에 가서 피자를 먹어 보고 싶습니다.　イタリアに行ってピザを食べてみたいです。

2.
(1) 今までどこに旅行に行きましたか？
[Hint]「-에 가 보았습니다(봤습니다) (～に行ってみました), -에 가 본 적이 있습니다 (～に行ったことがあります)」などを使うことができます。

(2) 旅行に行く時、普通何を持って行きますか？次回、必ず持って行きたいものは何ですか？

(3) 今まで行った旅行先の中でどこが一番よかったですか？そこはどんな所ですか？

(4) そこで何をしましたか？見たこと、食べたこと、したことについて書きなさい。

(5) これからどこに行ってみたいですか？その理由は何ですか？

語彙力をアップしましょう

基本語彙と表現

산 山	시골 田舎
여러 나라 いろいろな国	음식 食べ物
꼭 必ず　　다시 한번 もう一度	또 また
학생 때 学生の時	어렸을 때/어릴 때 子供の時
-하고 같이 〜と一緒に	즐겁다 楽しい
맛있다 おいしい	맛없다 おいしくない
여행을 가다 旅行に行く	먹어 보다 食べてみる
-에 가 봤다 = -에 가 본 적이 있다 〜に行ったことがある	
사진을 찍다 写真を撮る　　식사를 하다 食事をする　　배를 타다 船に乗る	
비행기를 타다 飛行機に乗る　　경치가 좋다 景色がいい	
날씨가 좋다 / 나쁘다 天気がよい／悪い	

使える語彙と表現

강 川	공항 空港	스키장 スキー場
수영장 プール	고향 故郷	여행사 旅行会社
표 チケット、切符	박물관 博物館	안내원 案内員
단풍 紅葉	동물 動物	해외 여행 海外旅行
다음에는 今度は		잃어버리다(잃다) 失くす
잊다 忘れる		잊을 수 없다 忘れられない
갔다 오다 行ってくる		사람들이 친절하다 人々が親切だ
선물을 사다 お土産、プレゼントを買う		-(으)로 유명하다 〜で有名だ
좋은 경험이 되다 いい経験になる		가장 생각이 나다 一番に思い出される
인상에 남다 印象に残る		기억에 남다 記憶に残る
-에 가고 싶다 〜に行きたい		-에 가 보고 싶다 〜に行ってみたい

作文を書いてみましょう

※다음을 읽고 150~300자로 글을 쓰십시오(띄어쓰기 포함).
　次の問題を読んで、150～300字以内（分かち書きを含む）で文章を書きなさい。

　여러분은 어디에 여행을 가 봤습니까? 그곳에서 무엇을 했습니까? 어땠습니까? 여러분의 여행 경험에 대해 쓰십시오.

(1)　マインドマップを描きましょう

　まず、旅行について書きたいことを思い出しながら、マインドマップを作成しましょう。書いた部分についてもさらに思い出したことがあれば書き足してもいいです。文章ではなく単語や語句で書きましょう。必ず次のポイントが入るように書き、書き終わったら、それぞれのポイントに番号を付けておきましょう。制限時間は15～20分です。

作文ポイント：①いつ　②どこに　③誰と　④そこで何を（見たこと、したこと、食べたことなど）　⑤どうだった　⑥今後行ってみたいところ

旅行

(2) 作文を書いてみましょう

　左のページのマインドマップをもとに作文を書いてみましょう。①から⑥の順番は変えてもいいですが、順番通りに書いていけばうまく書けます。制限時間は35～40分です。

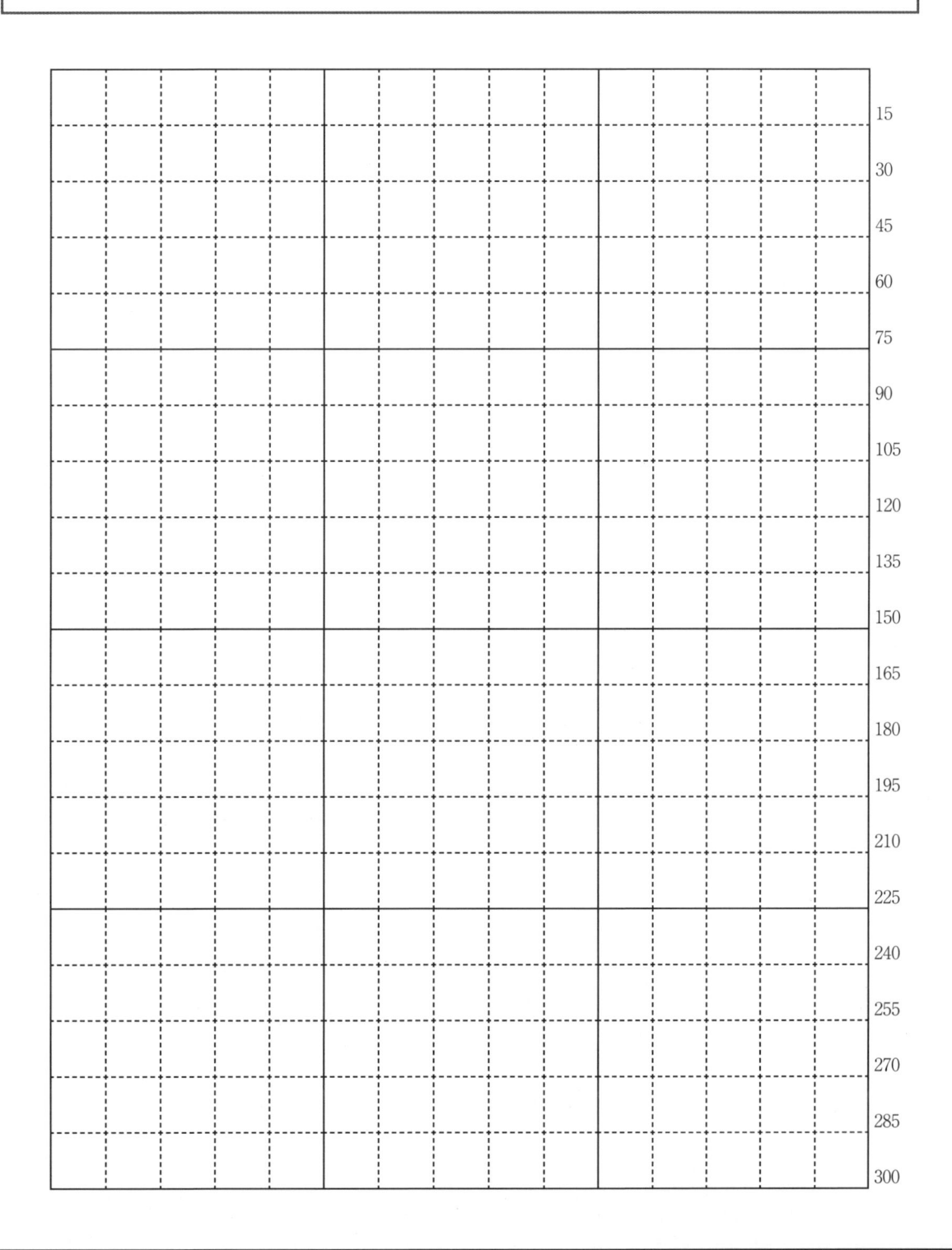

私だけのメモ帳

次の単語から連想されるものを書いてみましょう。

(1) 国・地域

(2) 位置・方向

私だけのチェックリストを作ってみましょう。

(1) _____

(2) _____

7. 好きな場所・よく行く場所

- 172 作文例を見てみましょう（1）
   Point
- 174 作文例を見てみましょう（2）
   Point
- 176 間違いを探しましょう…解答
- 178 作文を読んでみましょう（1）…解答
- 180 作文を読んでみましょう（2）…解答
- 182 作文の前にウォーミングアップ…解答
- 185 語彙力をアップしましょう
   基本語彙と表現
   使える語彙と表現
- 186 作文を書いてみましょう
   （1）マインドマップを描きましょう
   （2）作文を書いてみましょう
- 188 私だけのメモ帳

作文例を見てみましょう（1）

例1.　여러분은 어디에 자주 갑니까? 특별히 좋아하는 장소가 있습니까? 왜 그곳에 갑니까? 거기에서 무엇을 합니까? 여러분이 자주 가는 장소에 대해 쓰십시오.

　　　みなさんはどこによく行きますか？特別に好きな場所はありますか？どうしてそこに行きますか？そこで何をしますか？みなさんがよく行く場所について書きなさい。

　　저는 여행을 무척 좋아합니다. 특히 교토에 가는 것을 좋아하는데 그 이유는 제가 ① *좋아한 절*, 아름다운 금각사가 있기 때문입니다. 제가 태어나서 살고 있는 동경은 교통이 편리하고 ☆ <u>살기 좋은</u> 곳이지만 자연이 적습니다. 그리고 제가 좋아하는 절도 별로 없습니다. 작은 절은 있지만 교토처럼 크고 아름다운 절은 없습니다. 그래서 ② *지금에서도* 한 번은 꼭 ③ *혼자로* 교토에 여행을 갑니다. 금각사는 어느 계절에 가도 좋지만 단풍이 아름다운 가을에 가는 것이 가장 좋습니다. 여러분도 가을에 꼭 한번 금각사에 가 보세요.

172

POINT

分かち書き

☆ 살기좋은(×) → 살기 ∨ 좋은(○)　住みやすい（連体形）

「〜しやすい」は「-기 좋다, -기 쉽다」ですが、「-기」と「좋다, 쉽다」の間は分かち書きをします。
　　ex) 글씨가 커서 보기 좋아요.　文字が多くて見やすいです。
　　　　하기 쉬운 운동부터 시작하세요.　やりやすい運動から始めてください。

語彙・文法

① 좋아한 절(×) → 좋아하는 절(○)　好きなお寺

韓国語の「좋아하다（好きだ、好む）」は他動詞なので、現在の連体形は「좋아하는」になります。「좋아한」は過去の連体形なので、「좋아한 절」というと「好きだったお寺」になります。同じく「싫어하다（嫌いだ、嫌う）」も他動詞なので、現在の連体形は「싫어하는」です。
　　ex) 좋아하는 사람　好きな人　　　　좋아한 사람　好きだった人
　　　　싫어하는 음식　嫌いな食べ物　　싫어한 음식　嫌いだった食べ物

② 지금에서도(×) → 지금도(○)　今でも

「今」は「지금」、「で」は「에서」、「も」は「도」ですが、「今でも」は「지금도」といいます。また、「今でも遅くない（지금이라도 늦지 않다）」のように十分ではないが、それを選択したり容認したりする場合は「지금이라도（今でも）」といいます。

③ 혼자로(×) → 혼자서(○)　1人で

「〜人で（人数）」という意味を表す助詞は「(이)서」です。直前の語にパッチムがなければ「서」、パッチムがあれば「이서」になります。
　　ex) 둘이서　2人で　　셋이서　3人で　　넷이서　4人で
また、「1人で」は「한 명이서（×）」とは言いませんが、「2人で、3人で、4人で〜」などは「두 명이서（2名で）, 세 명이서（3名で）, 네 명이서（4名で）」ともいいます。

作文例を見てみましょう（2）

例2.　여러분은 어디에 자주 갑니까? 특별히 좋아하는 장소가 있습니까? 왜 그곳에 갑니까? 거기에서 무엇을 합니까? 여러분이 자주 가는 장소에 대해 쓰십시오.

　　みなさんはどこによく行きますか？特別に好きな場所はありますか？どうしてそこに行きますか？そこで何をしますか？みなさんがよく行く場所について書きなさい。

　　저는 회사 식당에 자주 가요. 점심 때도 가고 저녁 때도 가요. 제 남편은 일 때문에 중국에서 따로 살기 때문에 저는 ☆남편을 위해서 저녁을 만드는 필요가① 없어요. 그래서 저는 저녁도 언제나 회사 식당에서 먹어요. 우리 회사 식당은 값도 싸고 맛도 있어요. 그리고 제가 회사 식당에 자주 가는 이유는 ②더 하나 있어요. 회사 식당은 카페보다 넓은데 저녁에는 사람이 별로 안 있어서③ 조용해요. 그래서 책을 읽거나 한국어 공부를 하기에도 참 좋은 장소예요. 앞으로도 회사 식당에 자주 갈 것 같아요.

POINT

分かち書き

☆ 남편을위해서（×）→ 남편을 ∨ 위해서（○）　夫のために

　目的を表す韓国語「-를/을 위해서（〜のために）」の場合、「-를/을」と「위해서」の間は分かち書きをします。
　　ex）친구를 위해서　友達のために　　　누구를 위해서　誰のために

語彙・文法

① 만드는 필요가（×）→ 만들 필요가（○）　作る必要が

　韓国語では動詞の現在の連体形は「-는」、未来の連体形は「-(으)ㄹ」です。進行中の動作や習慣、一般論については現在の連体形「-는」(ex) 마시는 물（(いつも) 飲む水）を使いますが、これから行おうとしている動作については未来の連体形「-(으)ㄹ」(ex) 마실 물（(これから) 飲む水）を使います。ただし、「動詞の連体形＋필요가 있다／없다」の構造の場合は必ず未来形の連体形「-(으)ㄹ」を使います（p.83、301参照）。
　　ex）야채를 살 필요가 없어요.　野菜を買う必要がありません。
　　　　모두 바꿀 필요가 있어요.　全部変える必要があります。

② 더 하나（×）→ 하나 더（○）　もう1つ

　「もう」は「더」、「1つ」は「하나」ですが、「もう1つ」は「하나 더」といいます。「더（もっと、さらに）」は数詞や修飾する成分の後に置きますので、語順に注意しましょう。たとえば、「좀 더（もう少し）, 한 개 더（もう1個）, 두 명 더（さらに2人）」など。
　また、このように日本語と語順が逆になるものには他にも「あれこれ－이것저것（これあれ）」「あっちこっち－여기저기（こっちあっち）」「行ったり来たり－왔다 갔다（来たり行ったり）」「白黒－흑백（黒白）」などがあります。

③ 안 있어서（×）→ 없어서（○）　いないので

　「있다（いる・ある）, 없다（いない・ない）」は否定の副詞「안」を使った否定「안 있다（×）, 안 없다（×）」は使いません。否定の場合はそれぞれの反対語「없다, 있다」を使います。また、「알다（知る・分かる）, 모르다（知らない・分からない）」も「안 알다（×）, 안 모르다（×）」とはいいません。否定の表現はそれぞれの反対語「모르다, 알다」を使います。

STEP 3. 作文・読解編　7. 好きな場所・よく行く場所　175

間違いを探しましょう

次の文章の間違いを探し、適切な表現に直しなさい。

(1) 지금 가장 좋아한 연예인은 누구예요?

(2) 옛날부터 운동을 좋아해서 지금에서도 매일 아침 달리고 있습니다.

(3) 주말에 친구들하고 셋으로 수족관에 갈 거예요.

(4) 이 문제는 같이 생각해 보는 필요가 있어요.

(5) 컵을 더 두 개 주세요.

(6) 저녁에 가면 물건이 거의 안 있으니까 빨리 가야 해요.

解答

(1) 좋아한 → 좋아하는　今一番好きな芸能人は誰ですか？
[Hint] 韓国語の「좋아하다（好きだ、好む）」は他動詞なので、現在の連体形は「좋아하는」になります。

(2) 지금에서도 → 지금도　昔から運動が好きで今でも毎朝走っています。
[Hint]「今でも」は「지금도」です。

(3) 셋으로 → 셋이서　週末、友達と3人で水族館に行くつもりです。
[Hint]「~人で（人数）」という意味を表す助詞は「(이)서」です。また、「셋이서」は「세 명이서（3名で）」ともいいます。

(4) 생각해 보는 필요가 → 생각해 볼 필요가　この問題は一緒に考えてみる必要があります。
[Hint]「動詞の連体形+名詞（時間・必要・約束・可能性など）がある／ない」の構造の場合は必ず未来形の連体形「-(으)ㄹ」を使います。

(5) 더 두 개 → 두 개 더　コップをさらに2個ください。
[Hint]「더（もっと、さらに）」は数詞や修飾する成分の後に置きます。

(6) 안 있으니까 → 없으니까　夕方に行くと品物がほとんどないので、早く行かなければなりません。
[Hint]「있다（いる・ある）」は否定の副詞「안」を使った否定「안 있다（×）」は使いません。否定の場合はその反対語「없다（いない・ない）」を使います。

作文を読んでみましょう（1）

次の文章を読んで、質問に答えなさい。

> 제가 자주 가는 곳은 우리 집 근처의 대형 쇼핑센터입니다. 집에서 차로 15분 거리이기 때문에 ㉠참 편합니다. 거기에 가면 식품이나 옷, 책 등 여러 가지를 ㉡구경할 수 있습니다. 식사도 할 수 있고 쇼핑도 할 수 있고 날씨에 관계없이 친구를 만나서 즐거운 시간을 보낼 수 있습니다. 저는 특히 ㉢그곳 커피숍에서 맛있는 커피를 마시면서 책을 읽는 것을 좋아합니다. 앞으로도 시간이 있으면 자주 갈 겁니다.

(1) 本文を読み、次の①～③が本文の内容と同じ時は○、異なる時には×をつけなさい。
①우리 집은 쇼핑센터가 멀어서 불편합니다. (　　)
②쇼핑센터에서는 날씨가 안 좋아도 즐겁게 시간을 보낼 수 있습니다. (　　)
③저는 쇼핑센터에 가는 것을 좋아합니다. (　　)

(2) ㉠と同じ意味のものを次の①～④から選びなさい。
①특별히　②천천히　③정말　④금방

(3) ㉡と同じ意味のものを次の①～④から選びなさい。
①만들 수 있습니다　②살 수 있습니다
③읽을 수 있습니다　④볼 수 있습니다

(4) ㉢が指しているものを本文の中から探しなさい。

(5) 本文の内容と一致するように次の（　　）に適切な語彙を入れなさい。
①제가 자주 가는 곳에서는 (　　)도 먹을 수 있고 쇼핑도 할 수 있습니다.
②저는 제가 자주 가는 커피숍에서 (　　)하는 것을 좋아합니다.

解答

> 私がよく行く場所は家の近くの大型のショッピングセンターです。家から車で15分の距離なので、㋐ 本当に便利です。そこに行けば食品や服、本などいろいろな物を㋑ 見ることができます。食事もできて、ショッピングもできて、天気に関係なく友達に会って、楽しい時間を過ごすことができます。私は特に㋒ そこのコーヒーショップで美味しいコーヒーを飲みながら本を読むのが好きです。これからも時間があればよく行くつもりです。

(1)
　①私の家はショッピングセンターが遠くて不便です。(×)
　②ショッピングセンターでは天気がよくなくても楽しく時間を過ごすことができます。(○)
　③私はショッピングセンターに行くのが好きです。(○)

(2)　③정말
　①특별히　特別に　　②천천히　ゆっくり　　③정말　本当に　　④금방　たった今

(3)　④볼 수 있습니다
　①만들 수 있습니다　作ることができます　　②살 수 있습니다　買うことができます
　③읽을 수 있습니다　読むことができます　　④볼 수 있습니다　見ることができます

(4)　(우리 집 근처의 대형) 쇼핑센터　（私の家の近くの大型の）ショッピングセンター

(5)
　①밥　ご飯
　　私がよく行く所ではご飯も食べることができて、ショッピングもできます。
　[Hint]「식사（食事）」は「하다（する）」、「밥（ご飯）」は「먹다（食べる）」と一緒に使います。

　②독서　読書
　　私は、私がよく行くコーヒーショップで読書するのが好きです。

作文を読んでみましょう (2)

次の文章を読んで、質問に答えなさい。

> 제가 자주 가는 장소는 헬스클럽이에요. 삼 년 전에 허리를 다쳐서 병원 안에 있는 헬스클럽에 다니기 시작했는데 지금도 일주일에 두 번 헬스클럽에 다니고 있어요. 처음에는 치료를 위해서 다녔지만, 지금은 ㉠ [　　] 과 다이어트를 위해서 운동을 하고 있어요. 저는 ㉡ [　　] 을 움직이는 것을 별로 좋아하지 않지만, 친구와 같이 하니까 계속 할 수 있어요. 그런데 운동 후에 친구와 같이 맛있는 점심을 많이 먹기 때문에 다이어트에는 ㉢ 별로 효과가 없는 것 같아요.

(1) 本文を読み、次の①～④が本文の内容と同じ時は○、異なる時には×をつけなさい。
   ①저는 4년 전부터 헬스클럽에 다니고 있습니다. (　　)
   ②저는 지금 일주일에 2번 헬스클럽에 다닙니다. (　　)
   ③운동 후에는 친구와 식사를 하러 갑니다. (　　)

(2) ㉠に入る最も適切なものを次の①～④から選びなさい。
   ①돈　　②생활　　③건강　　④사랑

(3) ㉡に入る最も適切なものを次の①～④から選びなさい。
   ①손　　②몸　　③등　　④팔

(4) ㉢と同じ意味のものを次の①～④から選びなさい。
   ①나쁘지 않은 것 같아요　　②맞는 것 같아요
   ③괜찮은 것 같아요　　　　④좋지 않은 것 같아요

(5) 次の質問に韓国語で答えなさい。
   ①이 사람은 왜 헬스클럽에 다니기 시작했습니까?
   (　　　　　　　　　　　　　　　　　　　　　　　　　　)
   ②이 사람이 운동을 계속 할 수 있는 이유는 무엇입니까?
   (　　　　　　　　　　　　　　　　　　　　　　　　　　)

解答

> 　私がよく行く場所はスポーツジムです。３年前に腰を痛めて病院の中にあるスポーツジムに通い始めたのですが、今でも週に２回スポーツジムに通っています。最初は治療のために通いましたが、今は㋐_____とダイエットのために運動をしています。私は㋑_____を動かすのがあまり好きではありませんが、友達と一緒にやるので、続けてやることができます。ところで、運動の後に友達と一緒に美味しいランチをたくさん食べるので、ダイエットには㋒あまり効果がないと思います。

(1)
　①私は４年前からスポーツジムに通っています。（×）
　②私は今、週に２回スポーツジムに通っています。（○）
　③運動後には友達と食事をしに行きます。（○）

(2)　③건강
　①돈　お金　②생활　生活　③건강　健康　④사랑　愛

(3)　②몸
　①손　手　②몸　身体　③등　背中　④팔　腕

(4)　④좋지 않은 것 같아요
　①나쁘지 않은 것 같아요　悪くないと思います
　②맞는 것 같아요　合っていると思います
　③괜찮은 것 같아요　大丈夫だと思います
　④좋지 않은 것 같아요　よくないと思います

(5)
　①この人はなぜスポーツジムに通い始めましたか？
　　삼 년 전에 허리를 다쳐서 다니기 시작했습니다.　３年前に腰を痛めて通い始めました。

　②この人が運動を続けられる理由は何ですか？
　　친구와 같이 하기 때문입니다.　友達と一緒にやるからです。

作文の前にウォーミングアップ

1. 次の単語や語句を並び替えて、文章を完成させなさい。

(1) 을 저 에 는 집 있는 좋아합니다 것

　→ _____

(2) 좋아해요 부엌 요리하는 을 에서 것

　→ _____

(3) 삽니다 에 서점 가서 를 잡지 책 이나

　→ _____

(4) 에서 을 카페 커피 읽어요 마시면서 책 를

　→ _____

2. 次の質問に韓国語で答えなさい。

(1) 집에 있는 것을 좋아합니까? 밖에 나가는 것을 좋아합니까?

(2) 집에서 좋아하는 장소는 어디입니까? 왜 그곳을 좋아합니까?

(3) 자주 가는 장소는 어디입니까? 특별히 좋아하는 장소가 있습니까?

(4) 왜 그곳을 좋아합니까? 그곳에서 무엇을 합니까?

解答

1.
(1) 저는 집에 있는 것을 좋아합니다.　私は家にいるのが好きです。
(2) 부엌에서 요리하는 것을 좋아해요.　台所で料理するのが好きです。
(3) 서점에 가서 책이나 잡지를 삽니다.　書店に行って本や雑誌を買います。
(4) 카페에서 커피를 마시면서 책을 읽어요.　カフェでコーヒーを飲みながら本を読みます。

2.
(1) 家にいるのが好きですか？外に出かけるのが好きですか？

[Hint]「-는 것보다 -는 것을 더 좋아합니다（〜するより〜する方がもっと好きです），-는 것은 별로 좋아하지 않습니다（〜するのはあまり好きではありません）」などを使うことができます。

(2) 家で好きな場所はどこですか？なぜそこが好きですか？

(3) よく行く場所はどこですか？特別に好きな場所がありますか？

(4) なぜそこが好きですか？そこで何をしますか？

語彙力をアップしましょう

基本語彙と表現

바닷가 海辺　　섬 島　　도시 都市
백화점 海外　　시장 市場
특히 特に　　주로 主に
마음대로 勝手に、気ままに　　넓다 広い
깨끗하다 清潔だ、きれいだ　　맑다 晴れている、澄んでいる
-에 다니고 있다 ～に通っている
-는 것을 좋아하다 ～するのが好きだ　　-는 것을 싫어하다 ～するのが嫌いだ

使える語彙と表現

사원 寺院　　반드시 必ず
새로 新たに　　마지막 最後
앞으로도 자주 これからも頻繁に
새롭다 新しい　　시원하다 涼しい　　시끄럽다 うるさい
구경하다 見物する　　관광하다 観光する
바람이 불다 風が吹く　　물건을 팔다 物を売る
낚시를 하러 가다 釣りをしに行く　　자연이 아름답다 自然が美しい

STEP 3

作文を書いてみましょう

※다음을 읽고 150~300자로 글을 쓰십시오(띄어쓰기 포함).
　次の問題を読んで、150~300字以内（分かち書きを含む）で文章を書きなさい。

여러분은 어디에 자주 갑니까? 특별히 좋아하는 장소가 있습니까? 왜 그곳에 갑니까? 거기에서 무엇을 합니까? 여러분이 자주 가는 장소에 대해 쓰십시오.

(1) マインドマップを描きましょう

　まず、好きな場所・よく行く場所について書きたいことを思い出しながら、マインドマップを作成しましょう。書いた部分についてもさらに思い出したことがあれば書き足してもいいです。文章ではなく単語や語句で書きましょう。必ず次のポイントが入るように書き、書き終わったら、それぞれのポイントに番号を付けておきましょう。制限時間は15~20分です。

作文ポイント：①好きな場所・よく行く場所　②好きな理由　③そこで何をするのか
　　　　　　　　④どのぐらい頻繁に　⑤今後どうしたいのか

好きな場所・よく行く場所

(2) 作文を書いてみましょう

左のページのマインドマップをもとに作文を書いてみましょう。①から⑤の順番は変えてもいいですが、順番通りに書いていけばうまく書けます。ただし、必ず150字〜300字以内で書きましょう。制限時間は35〜40分です。

私だけのメモ帳

次の単語から連想されるものを書いてみましょう。

(1) 部屋

(2) 乗り物

私だけのチェックリストを作ってみましょう。

(1) _____

(2) _____

8. 趣味

190	作文例を見てみましょう（1）
	Point
192	作文例を見てみましょう（2）
	Point
194	間違いを探しましょう…解答
196	作文を読んでみましょう（1）…解答
198	作文を読んでみましょう（2）…解答
200	作文の前にウォーミングアップ…解答
203	語彙力をアップしましょう
	基本語彙と表現
	使える語彙と表現
204	作文を書いてみましょう
	（1）マインドマップを描きましょう
	（2）作文を書いてみましょう
206	私だけのメモ帳

作文例を見てみましょう（1）

例1.　여러분의 취미는 무엇입니까? 무엇을 하는 것을 좋아합니까? 언제 그것을 합니까? 왜 그것을 하는 것이 좋습니까? 그것을 얼마나 자주 합니까? 여러분의 취미에 대해 쓰십시오.

　　みなさんの趣味は何ですか？何をするのが好きですか？いつそれをしますか？なぜそれをするのが好きですか？それをどのくらい頻繁にしますか？みなさんの趣味について書きなさい。

　　저는 한국 ①드라마를 보기를 좋아합니다. 시간이 있을 때 자주 한국 드라마를 봅니다. 드라마를 ☆보기 전에 먼저 따뜻한 차와 맛있는 과자를 준비합니다. 그리고 텔레비전 앞에 있는 편한 소파에 앉아서 혼자서 봅니다. 드라마를 보면 저는 ②드라마 안의 ③여배우에 됩니다. 여배우와 함께 웃고 울고 기뻐하고 사랑합니다. 저는 한국 드라마를 보는 시간이 가장 행복합니다. 지금의 제 꿈은 한국어를 열심히 공부해서 한국 드라마를 자막 없이 보는 것입니다.

POINT

分かち書き

☆ 보기전에 (×) → 보기 ∨ 전에 (○)　　見る前に

「-기 전에 (〜する前に)」は「-기」と「전에」の間で分かち書きをします。
　ex) 식사하기 전에　食事をする前に　　밥을 먹기 전에　ご飯を食べる前に

語彙・文法

① 드라마를 보기를 (×) → 드라마를 보는 것을 (○)　　ドラマを見ることが

「-기」は「공부하기 (勉強すること), 청소하기 (掃除すること), 예약하기 (予約すること)」のように「これからすること」の意味で使われます。計画を立てたり、予定を立てたりする時によく使われます。また、「-기」が付いたものには「듣기 (聞き取り), 말하기 (会話), 읽기 (読解), 쓰기 (作文)」のように名詞化したものもあります。
　一方、「-는 것」は客観的な叙述や、その行為自体を指す時によく使います。ここでは、「趣味はドラマを見る行為です」という意味なので、「드라마를 보는 것」を使います。

② 드라마 안 (×) → 드라마 속 (○)　　ドラマの中

「속」は「땅 속 (土の中), 머리 속 (頭の中), 물 속 (水の中)」のように内部が詰まっていたり、抽象的だったり、目で確認できない中を表します。一方、「안」は「교실 안 (教室の中), 버스 안 (バスの中)」のように囲まれた部分の中で、目で確認できる空間の中を表します (p.121参照)。

③ 여배우에 됩니다 (×) → 여배우가 됩니다 (○)　　女優になります

「〜になる」は「-가/이 되다」なので、助詞に注意しましょう。
　ex) 의사가 됐어요.　医者になりました。
　　　대학생이 됐습니다.　大学生になりました。

作文例を見てみましょう (2)

例2. 여러분의 취미는 무엇입니까? 무엇을 하는 것을 좋아합니까? 언제 그것을 합니까? 왜 그것을 하는 것이 좋습니까? 그것을 얼마나 자주 합니까? 여러분의 취미에 대해 쓰십시오.

みなさんの趣味は何ですか？何をするのが好きですか？いつそれをしますか？なぜそれをするのが好きですか？それをどのくらい頻繁にしますか？みなさんの趣味について書きなさい。

제 취미는 발레예요. 여덟 살 때 어머니와 발레 공연을 처음 ☆보러 갔는데 그때부터 발레를 ① 좋아해졌어요. 저도 배우고 싶었지만, 그때는 다른 것을 배우고 있었기 때문에 시간이 없어서 배울 수 없었어요. 하지만, 발레를 너무 배우고 싶어서 대학생이 ② 되서 배우기 시작했어요. 연습은 아주 힘들지만 발레는 정말 즐거워요. 발레를 하면 싫은 일도 잊을 수 있어요. ③ 좋은 것이니까 피곤하거나 힘들어도 그 시간이 즐거워요. 저는 할머니가 되어도 계속 발레를 할 거예요.

POINT

分かち書き

☆ 보러갔는데（×）→ 보러 ∨ 갔는데（○）　見に行ったのですが

「-(으)러 가다（〜しに行く）」は「가다（行く）」の前で分かち書きをします。
　ex）사러 가요.　買いに行きます。　　　먹으러 가요.　食べに行きます。

語彙・文法

① 좋아해졌어요（×）→ 좋아하게 되었어요（○）　好きになりました

「〜するようになる、〜くなる、〜になる」は韓国語で「-게 되다」または「-아/어지다」ですが、動詞は「-게 되다（何らかの働きかけによってそうなる場合）」を、形容詞は主に「-아/어지다（おのずとそういう状態になる場合）」を使います。「좋아하다（好きだ、好む）」は韓国語では動詞なので、ここでは「-게 되다」を使います（p.227参照）。
　ex）열심히 공부해서 한국말을 잘하게 되었습니다.
　　　　一生懸命に勉強して、韓国語が上手になりました。（「잘하다」は動詞）
　　　요즘 갑자기 이 노래가 좋아졌습니다.
　　　　最近急にこの歌が好きになりました。（「좋다」は形容詞）

② 되서（×）→ 되어서 / 돼서（○）　なって

「되다（なる）」の「해요体」は「되어요（なります）」で、理由の「-어/어서」がくっつくと「되어서（なって）」になります。会話では縮約形「돼요, 돼서」がよく使われますが、スペルを間違えて「되요（×）, 되어서（×）」と書かないように注意しましょう。また、「되고（なって）, 되면（なると）, 되지만（なるけれど）, 됩니다（なります）」のように母音から始まらない活用語尾のスペルにも注意しましょう。

③ 좋은（×）→ 좋아하는（○）　好きな

「〜が好きだ」は「-가/이 좋다」または「-를/을 좋아하다」といいますが、もともと「좋다」は「いい」、「좋아하다」は「好きだ」の意味です。そこで、連体形で使われる時には意味が違ってくるので、注意しましょう。つまり、「좋아하는 것」は「好きなこと」を、「좋은 것」は「いいこと」を意味します（p.85、247参照）。
　ex）좋아하는 사람　好きな人　　　좋은 사람　いい人

間違いを探しましょう

次の文章の間違いを探し、適切な表現に直しなさい。

(1) 매운 음식을 못 먹었는데 한국에 와서 먹어졌습니다.

_____

(2) 요즘 날씨가 덥게 되었습니다.

_____

(3) 지금 방 속에 누가 있어요?

_____

(4) 배가 고파서 배 안에서 소리가 납니다.

_____

(5) 올해부터 저는 회사원이 돼었습니다.

_____

(6) 직장인이 되서 무엇이 가장 좋았습니까?

_____

(7) 제가 제일 좋은 한국 음식은 비빔밥입니다.

_____

(8) 운동을 열심히 하고 식사도 잘 하는 것이 몸에 좋아해요.

_____

解答

(1) 먹어졌습니다 → 먹게 되었습니다.　辛い食べ物を食べられませんでしたが、韓国に来て食べるようになりました。
[Hint] 動詞の変化を表す「～するようになる」は、韓国語で「-게 되다 (何らかの働きかけによってそうなる場合)」です。

(2) 덥게 되었습니다 → 더워졌습니다　最近は天気が暑くなりました。
[Hint] 形容詞の変化を表す「～くなる、～になる」は韓国語で「-아/어지다 (おのずとそういう状態になる場合)」です。

(3) 방 속에 → 방 안에　今、部屋の中に誰がいますか？
[Hint]「속」は内部が詰まっていたり、抽象的だったり、目で確認できない中を表します。一方、「안」は囲まれた部分の中で、目で確認できる空間の中を表します。

(4) 배 안에서 → 배 속에서　お腹が空いて、お腹の中から音がします。
[Hint]「속」は内部が詰まっていたり、抽象的だったり、目で確認できない中を表します。一方、「안」は囲まれた部分の中で、目で確認できる空間の中を表します。

(5) 돼었습니다 → 되었습니다(됐습니다)　今年から私は会社員になりました。
[Hint]「되다 (なる)」は「됩니다, 되었습니다(됐습니다)」「되어요(돼요), 되었어요(됐어요)」と活用します。

(6) 되서 → 되어서(돼서)　サラリーマンになって、何が一番よかったですか？
[Hint]「되다」は「되어서(돼서)」と活用します。

(7) 좋은 → 좋아하는　私が一番好きな韓国の食べ物はビビンバです。
[Hint]「좋아하는 (名詞)」は「好きな (名詞)」を、「좋은 (名詞)」は「いい (名詞)」を意味します。

(8) 좋아해요 → 좋아요　運動を一生懸命にして、よく食べるのが身体にいいです。
[Hint]「～が好きだ」は「-가/이 좋다」または「-를/을 좋아하다」といいますが、もともと「좋다」は「いい」、「좋아하다」は「好きだ」の意味です。

作文を読んでみましょう（1）

次の文章を読んで、質問に答えなさい。

> 저는 어렸을 때부터 신문이나 잡지, 책을 읽는 것을 아주 좋아했습니다. 저는 초등학생 때 친구가 적었기 때문에 학교에 가는 것을 별로 좋아하지 않았습니다. 그 때는 학교에 가면 도서관에서 책을 읽는 것이 ㉠가장 즐거웠습니다. 지금은 일 때문에 매일 많은 사람을 만나고 이야기도 많이 합니다. 그래서 퇴근 후에는 혼자서 ㉡▢▢▢ 책을 읽으면서 지냅니다. 저는 책을 읽는 시간이 가장 행복합니다. 독서는 특별한 장소도 필요 없고 배울 필요도 없습니다. 언제 어디서나 누구나 쉽게 할 수 있는 좋은 ㉢▢▢▢ 입니다.

⑴ 本文を読み、次の①〜③が本文の内容と同じ時は○、異なる時には×をつけなさい。
①저는 어렸을 때부터 도서관 가는 것을 좋아하지 않았습니다. （　　）
②저는 매일 친구들하고 많이 이야기를 합니다. （　　）
③저는 혼자서 책을 읽는 것을 좋아합니다. （　　）

⑵ ㉠と同じ意味のものを次の①〜④から選びなさい。
①먼저　　②제일　　③잘못　　④빨리

⑶ ㉡が指しているものを本文の中から探しなさい。
①깨끗이　　②자세히　　③조용히　　④깊이

⑷ ㉢に最も適切な語彙を入れなさい。
㉢ _____

⑸ 次の質問に韓国語で答えなさい。
①이 사람은 초등학생 때 왜 학교에 가는 것을 싫어했습니까?
（　　　　　　　　　　　　　　　　　　　　　　　）
②이 사람은 무엇을 하는 것을 좋아합니까?
（　　　　　　　　　　　　　　　　　　　　　　　）

解答

　　私は幼い時から新聞や雑誌、本を読むのがとても好きでした。私は小学生の時、友達が少なかったので、学校に行くのはあまり好きではありませんでした。あの時は学校に行くと、図書館で本を読むのが㉠ 一番楽しかったです。今は仕事のために毎日たくさんの人に会って、話もたくさんします。それで、退社後は１人で㉡ ____ 本を読みながら過ごします。私は本を読む時間が一番幸せです。読書は特別な場所も必要なく、習う必要もありません。いつでもどこでも、誰もが気軽にできるいい㉢ ____ です。

(1)
　①私は子供の時から図書館に行くのが好きではありませんでした。（×）
　②私は毎日友達とたくさん話をします。（×）
　③私は１人で本を読むのが好きです。（○）

(2)　②제일
　①먼저　まず　　②제일　第一、一番　　③잘못　間違って　　④빨리　速く

(3)　③조용히
　①깨끗이　きれいに　　②자세히　詳しく　　③조용히　静かに　　④깊이　深く

(4)　㉢ 취미　趣味

(5)
　①この人は小学生の時、なぜ学校に行くのが嫌でしたか？
　　친구가 적었기 때문입니다. 　友達が少なかったからです。

　②この人は何をするのが好きですか？
　　독서를 좋아합니다. 　読書が好きです。／
　　책을 읽는 것을 좋아합니다. 　本を読むのが好きです。

作文を読んでみましょう (2)

次の文章を読んで、質問に答えなさい。

> 제 취미는 ㉠[　　]예요/이에요. 저는 맛있는 음식을 먹는 것을 좋아하는데 제가 직접 만드는 것도 아주 좋아해요. 가족이나 친구가 제가 만든 음식을 맛있게 먹는 것을 보면 너무 기뻐요. 저는 가끔 우리 집에 부모님과 여동생 부부, 그리고 친구들을 ㉡초대해서 파티를 열어요. 언제나 모두 제 요리를 맛있게 먹어 줘요.
> 그런데 제가 가장 잘하는 요리는 물론 일본 요리예요. 이탈리아 요리도 잘 만들지만 한국 요리는 ㉢[　　] 잘 못해요. 하지만, 저는 한국 음식을 아주 좋아하기 때문에 앞으로 한국 요리도 배우고 싶어요.

(1) 本文を読み、次の①〜③が本文の内容と同じ時は○、異なる時には×をつけなさい。
　①저는 음식을 먹는 것보다 만드는 것을 좋아합니다. (　　)
　②저는 자주 집에서 파티를 합니다. (　　)
　③저는 지금 한국 요리를 잘 못 만듭니다. (　　)

(2) ㉠に最も適切な語彙を入れなさい。
　㉠_____

(3) ㉡と同じ意味のものを次の①〜④から選びなさい。
　①만나서　　②보내서　　③잡아서　　④불러서

(4) ㉢に入る最も適切なものを次の①〜④から選びなさい。
　①아마　　②벌써　　③아직　　④오래

(5) 次の質問に韓国語で答えなさい。
　①이 사람이 가장 잘 만드는 것은 무엇입니까?
　(　　　　　　　　　　　　　　　　　　　　　　　)
　②이 사람이 한국 요리를 배우고 싶어하는 이유는 무엇입니까?
　(　　　　　　　　　　　　　　　　　　　　　　　)

解答

　　私の趣味は㉠_____です。私は美味しい食べ物を食べるのが好きですが、私が直接作るのもとても好きです。家族や友達が、私が作った料理を美味しく食べるのを見るととても嬉しいです。私は時々うちに両親や妹夫婦、それから友人達を㉡招待してパーティーを開きます。いつもみんな私の料理を美味しそうに食べてくれます。
　　ところで、私の一番得意な料理は勿論日本料理です。イタリア料理も上手に作れますが、韓国料理は㉢_____上手く作れません。けれども、私は韓国料理がとても好きなので、今後韓国料理も習いたいです。

(1)
　①私は料理を食べるより作る方が好きです。(×)
　②私はしばしば家でパーティーをします。(×)
　③私は今、韓国料理を上手に作ることができません。(○)

(2)　㉠ 요리예요.　料理です。／요리하는 것이에요.　料理をすることです。

(3)　④불러서
　①만나서　会って　　②보내서　送って　　③잡아서　捕まえて　　④불러서　呼んで

(4)　③아직
　①아마　たぶん　　②벌써　すでに　　③아직　まだ　　④오래　長く

(5)
　①この人が一番よく作れるものは何ですか？
　　일본 요리입니다.　日本料理です。

　②この人が韓国料理を習いたがる理由は何ですか？
　　한국 음식을 아주 좋아하기 때문입니다.　韓国料理がとても好きだからです。

作文の前にウォーミングアップ

1. 次の単語や語句を並び替えて、文章を完成させなさい。

(1) 취미 이에요 제 음악감상 는

→ _____

(2) 을 듣습니다 매일 음악

→ _____

(3) 을 들으면 마음 클래식 이 편안해져요 음악

→ _____

(4) 배워 앞으로 를 기타 싶습니다 보고

→ _____

2. 次の質問に韓国語で答えなさい。

(1) 취미가 무엇입니까?

(2) 언제 취미활동을 합니까? 얼마나 자주 합니까?

(3) 왜 그것을 하는 것이 좋습니까?

(4) 앞으로 해 보고 싶은 취미활동이 있습니까?

解答

1.
(1) 제 취미는 음악감상이에요.　私の趣味は音楽鑑賞です。
(2) 매일 음악을 듣습니다.　毎日音楽を聞きます。
(3) 클래식 음악을 들으면 마음이 편안해져요.　クラシック音楽を聞くと心が落ち着きます。
(4) 앞으로 기타를 배워보고 싶습니다.　これからギターを習ってみたいです。

2.
(1) 趣味は何ですか？
[Hint]「제 취미는 –입니다 (私の趣味は〜です), 저는 –를/을 좋아해요 (私は〜が好きです), 저는 -는 것을 좋아합니다 (私は〜するのが好きです)」などを使うことができます。

(2) いつ趣味活動をしますか？どれぐらい頻繁にしますか？

(3) なぜそれをするのが好きですか？

(4) これからしてみたい趣味活動はありますか？

語彙力をアップしましょう

基本語彙と表現

취미	趣味	등산	登山
영화	映画	보통	普通、普段
주말에	週末に	자주	よく（頻繁に）
가끔	時々、たまに	계속	続けて〜
하지만	しかし、けれども	먹는 것	食べること
자는 것	寝ること	노는 것	遊ぶこと
재미있다	面白い	재미없다	面白くない
힘들다	大変だ		

-를/을 싫어하다 = -가/이 싫다　〜が嫌いだ
노래를 부르다　歌を歌う　　　　　피아노를 치다　ピアノを弾く
건강에 좋다/나쁘다　健康によい／悪い　　기분이 좋아지다　気分がよくなる

使える語彙と表現

만화	漫画	콘서트	コンサート
평일에	平日に	연휴	連休
한 시간쯤	1時間くらい	두 시간쯤	2時間くらい
한 번	1回	두 번	2回
요즘	最近	특히	特に
열심히	一生懸命に	천천히	ゆっくり
피곤하다	疲れている	바쁘다	忙しい
행복하다	幸せだ		
외국어를 배우다	外国語を学ぶ	그림을 그리다	絵を描く
테니스를 치다	テニスをする	사진을 찍다	写真を撮る
잠을 자다	寝る		
스트레스가 쌓이다	ストレスが溜まる	스트레스를 풀다	ストレスを解消する

作文を書いてみましょう

※다음을 읽고 150~300자로 글을 쓰십시오(띄어쓰기 포함).
　次の問題を読んで、150~300字以内（分かち書きを含む）で文章を書きなさい。

　여러분의 취미는 무엇입니까? 무엇을 하는 것을 좋아합니까? 언제 그것을 합니까? 왜 그것을 하는 것이 좋습니까? 그것을 얼마나 자주 합니까? 여러분의 취미에 대해 쓰십시오.

(1) マインドマップを描きましょう

　まず、趣味について書きたいことを思い出しながら、マインドマップを作成しましょう。書いた部分についてもさらに思い出したことがあれば書き足してもいいです。文章ではなく単語や語句で書きましょう。必ず次のポイントが入るように書き、書き終わったら、それぞれのポイントに番号を付けておきましょう。制限時間は15~20分です。

作文ポイント：①趣味、好きなこと　②いつ始めたのか　③いつするのか　④どれくらい頻繁にするのか　⑤好きな理由　⑥今後どうしたいのか

趣味

(2) 作文を書いてみましょう

　　左のページのマインドマップをもとに作文を書いてみましょう。①から⑥の順番は変えてもいいですが、順番通りに書いていけばうまく書けます。制限時間は35～40分です。

私だけのメモ帳

次の単語から連想されるものを書いてみましょう。

(1) 趣味

(2) 食べ物

私だけのチェックリストを作ってみましょう。

(1) _____

(2) _____

9. 好きな友達

STEP 3

- 208 作文例を見てみましょう（1）
  Point
- 210 作文例を見てみましょう（2）
  Point
- 212 間違いを探しましょう…解答
- 214 作文を読んでみましょう（1）…解答
- 216 作文を読んでみましょう（2）…解答
- 218 作文の前にウォーミングアップ…解答
- 221 語彙力をアップしましょう
  基本語彙と表現
  使える語彙と表現
- 222 作文を書いてみましょう
  （1）マインドマップを描きましょう
  （2）作文を書いてみましょう
- 224 私だけのメモ帳

作文例を見てみましょう（1）

例1. 가장 친한 친구, 좋아하는 친구는 누구입니까? 그 친구를 언제 만났습니까? 그 친구는 무슨 일을 합니까? 그 친구를 만나면 무엇을 합니까? 여러분의 가장 친한 친구, 좋아하는 친구에 대해 쓰십시오.
一番親しい友達、好きな友達は誰ですか？その友達といつ知り合いましたか？その友達はどんな仕事をしていますか？その友達に会うと何をしますか？みなさんの一番親しい友達、好きな友達について書きなさい。

　　저의 가장 친한 친구는 사키입니다. 사키와 저는 고등학생 때 만났는데 사키는 지금 중학교 ①영어의 선생님입니다. 사키는 머리가 좋고 재미있는 사람입니다. 저는 그녀하고 같이 여행을 가거나 쇼핑을 하는 것을 좋아합니다. 우리는 좋아하는 옷의 스타일이 비슷해서 같은 옷이나 비슷한 옷을 많이 ②들고 있습니다. 또 우리는 마음이 잘 맞아서 말을 ☆안 해도 서로의 생각을 잘 알 수 있습니다. 사키하고 같이 ③놀으면 하루가 정말 즐겁고 빨리 지나갑니다.

POINT

分かち書き

☆ 안해도（×）→ 안 ˅ 해도（○）　しなくても

否定の副詞「안」は動詞とくっつけずに、分かち書きをします
　　ex）안 먹습니다．食べません　　　안 봤어요．見ませんでした。

語彙・文法

① 영어의 선생님（×）→ 영어 선생님（○）　英語の先生

　助詞「의（の）」は分離できないものや関連性の強いもの、位置関係、所属、時の名詞が連続する時は普通省略します（p.139、281参照）。
　　ex）한국어 공부　韓国語の勉強　　　책상 위　机の上　　　선생님 댁　先生のお宅
　　　　작년 봄　去年の春　　　오늘 아침　今日の朝

　また、「아버지(의) 가방（父の鞄），이모(의) 딸（叔母の娘），친구(의) 형（友達の兄）」のように、所有、親族関係や人間関係などは「의」を省略してもしなくても大丈夫です。一方、「바람의 아들（風の子），사랑의 학교（愛の学校）」などのように比喩的表現や関連性の弱いものの場合は「의」を省略しません。また、「학생인 사람（学生の人）」のように同格を表す時の「の」は「-인」を使いますが、この「-인」も省略できません。

② 들고 있습니다（×）→ 가지고 있습니다（○）　持っています

　「持つ」は手に持っている場合は「들다（持つ、取る、持ち上げる）」を使いますが、所有を表す場合は「가지다（持つ）」を使います。
　　ex）차를 가지고 있어요．車を持っています。
　　　　차를 들고 있어요．車を持ちあげています。

③ 놀면（×）→ 놀으면（○）　遊ぶと

　仮定を表す「-(으)면（～すると、すれば）」は語幹にパッチムがないと「-면」、パッチムがあると「-으면」ですが、語幹の最後がㄹパッチムの場合も「-면」を付けます。
　　ex）오다　来る　→　오면　来ると
　　　　먹다　食べる　→　먹으면　食べると
　　　　만들다　作る　→　만들면　作ると

作文例を見てみましょう (2)

例2.　가장 친한 친구, 좋아하는 친구는 누구입니까? 그 친구를 언제 만났습니까? 그 친구는 무슨 일을 합니까? 그 친구를 만나면 무엇을 합니까? 여러분의 가장 친한 친구, 좋아하는 친구에 대해 쓰십시오.

　　一番親しい友達、好きな友達は誰ですか？その友達といつ知り合いましたか？その友達はどんな仕事をしていますか？その友達に会うと何をしますか？みなさんの一番親しい友達、好きな友達について書きなさい。

　　제가 가장 좋아하는 친구는 이토 씨예요. 우리는 4년 전에 제가 회사에 들어갔을 때 처음 만났어요. 이토 씨는 저보다 ① 3살 위 때문에 회사에서는 선배지만 우리는 ☆친구처럼 지내요. 회사에서 어려운 일이 있을 때는 많이 ② 도와받고 가끔은 언니처럼 좋은 이야기도 많이 해 주어요. 또 우리는 휴가 때가 되면 같이 ③ 여러 가지 나라에 여행을 가요. 저는 영어를 잘 못하는데 이토 씨는 영어를 아주 잘해서 같이 외국에 여행을 가면 전혀 불편하지 않아요. 앞으로도 이토 씨하고 같이 여러 나라를 여행하면서 즐거운 기억을 많이 만들고 싶어요.

POINT

分かち書き

☆ 친구 ˅ 처럼 (×) → **친구처럼** (○)　友達のように

助詞「처럼」は前の名詞とくっつけて書きます。
ex) 어머니처럼　母のように　　선생님처럼　先生のように

語彙・文法

① 3살 위 때문에 (×) → **3살 위이기 때문에** (○)　3歳上だから

　理由を表す「〜だから、なので」は韓国語で「때문에」ですが、名詞と一緒に使われる時は「-이기 때문에」です。ちなみに、形容詞や動詞の場合は「덥기 때문에 (暑いので), 가기 때문에 (行くので)」のように語幹に「-기 때문에」を付けます。
　一方、「名詞+때문에」は「너 때문에 (お前のせいで), 숙제 때문에 (宿題のために)」のように「〜のために、〜のせいで、〜が原因で」という意味になります。
ex) 주말이기 때문에 사람이 많아요.　週末だから、人が多いです。
　　감기 때문에 못 갔습니다.　風邪のせいで行けませんでした。

② 도와받고 (×) → **도와주고** (○)　助けてもらって

　「〜てもらう」は韓国語では「-아/어받다」とはいいません。日本語の「〜てもらう」は「-아/어 주다 (〜てくれる), -를/을 받다 (〜をもらう)」で表すので、ここでも「도와주고 (助けてくれて)」または「도움을 받고 (助力をもらって)」のように表します。また、助詞も変わるので、注意しましょう。
ex) 夫に買ってもらいました。(남편에게 사 받았습니다. (×))
　　→ 남편이 사 주었습니다.　夫が買ってくれました。
　　指輪をプレゼントしてもらいました。(반지를 선물해 받았어요. (×))
　　→ 반지를 선물해 주었어요.　指輪をプレゼントしてくれました。
　　반지를 선물 받았어요.　指輪をプレゼントされました。

③ 여러 가지 나라 (×) → **여러 나라** (○)　いろいろな国

　「여러 가지 (いろいろな種類)」は名詞「가지 (種類)」に「여러 (いろいろな、多くの)」が付いた名詞です。
ex) 여러 사람　いろいろな人　　여러 장소　いろいろな場所
　　여러 가지 음식　いろいろな種類の食べ物
　　여러 가지 커피　いろいろな種類のコーヒー

間違いを探しましょう

次の文章の間違いを探し、適切な表現に直しなさい。

(1) 지금 배우는 한국어의 선생님은 여자 분이세요?

(2) 우리는 같은 취미를 들고 있어요.

(3) 나중에 크고 예쁜 집에서 고양이를 기르면서 살으면 좋겠습니다.

(4) 다음 주가 시험 때문에 주말에는 공부를 해야 합니다.

(5) 이번 주 금요일에 있을 한국어 시험이기 때문에 매일 열심히 공부하고 있어요.

(6) 여자 친구에게 요리를 만들어 받았습니다.

(7) 우리 학교에는 여러 가지 나라 유학생들이 많이 있어요.

解答

(1) 한국어의 선생님은 → 한국어 선생님은　今、習っている韓国語の先生は女性の方ですか？
[Hint] 助詞「의（の）」は分離できないものや関連性の強いもの、位置関係、所属、時の名詞が連続する時は普通省略します。

(2) 들고 → 가지고　私達は同じ趣味を持っています。
[Hint]「持つ」は手に持っている場合は「들다（持つ、取る、持ち上げる）」を使いますが、所有を表す場合は「가지다（持つ）」を使います。

(3) 살으면 → 살면　将来、大きくてきれいな家で猫を飼いながら住めたらいいなと思います。
[Hint] 仮定を表す「-(으)면（～すると、すれば）」は語幹にパッチムがないと「-면」、パッチムがあると「-으면」ですが、ㄹパッチムの場合も「-면」を付けます。

(4) 시험 때문에 → 시험이기 때문에　来週が試験なので、週末には勉強をしなければなりません。
[Hint] 理由を表す「～だから、なので」は「때문에」ですが、名詞と一緒に使われる時は「-이기 때문에」になります。一方、「名詞＋때문에」は「（名詞）のせいで、（名詞）が原因で」という意味になります。

(5) 한국어 시험이기 때문에 → 한국어 시험 때문에　今週の金曜日にある韓国語の試験のために、毎日一生懸命に勉強しています。
[Hint]「～のために、～のせいで、～が原因で」は「名詞＋때문에」で表します。

(6) 여자 친구에게 요리를 만들어 받았습니다 → 여자 친구가 요리를 만들어 주었습니다　彼女が料理を作ってくれました。
[Hint]「～てもらう」は韓国語では「-아/어받다」とはいいません。日本語の「～てもらう」は「-아/어 주다（～てくれる）、-를/을 받다（～をもらう）」で表します。

(7) 여러 가지 나라 → 여러 나라　うちの学校にはいろいろな国の留学生がたくさんいます。
[Hint]「여러 가지（いろいろな種類）」は名詞「가지（種類）」に「여러（いろいろな、多くの）」が付いた名詞です。

STEP 3. 作文・読解編　9. 好きな友達

作文を読んでみましょう (1)

次の文章を読んで、質問に答えなさい。

> 　저는 친구가 많지 않습니다. 하지만, 아주 ㉠친한 친구가 두 명 있습니다. 제가 힘들 때 도와주고 항상 ㉡[　　]에 있는 친구들입니다. 또 저를 가장 잘 이해해 주는 친구들입니다. 그 친구들은 초등학생 때에 알게 되었는데 우리들은 언제나 같이 다니고 공부도 같이 했습니다. 같이 웃고 울고 같이 여행도 많이 갔습니다. 지금은 모두 결혼해서 가족이 생겼습니다. 그리고 한 명은 멀리 이사를 갔기 때문에 우리들은 자주 못 만나지만 마음은 언제나 ㉢가까이에 있습니다. 저는 이런 좋은 친구들을 만나서 정말 행복합니다.

(1) 本文を読み、次の①~③が本文の内容と同じ時は○、異なる時には×をつけなさい。
　①저는 친구가 적습니다. (　　)
　②제 친구들은 저를 많이 이해해 줍니다. (　　)
　③저는 친구들하고 같이 한 것이 많습니다. (　　)

(2) ㉠と同じ意味のものを次の①~④から選びなさい。
　①마음이 다른　　②마음이 착한　　③사이가 나쁜　　④사이가 좋은

(3) ㉡に入る最も適切なものを次の①~④から選びなさい。
　①앞　　②옆　　③뒤　　④안

(4) ㉢と反対の意味のものを本文の中から探しなさい。

(5) 次の質問に韓国語で答えなさい。
　①이 사람은 친한 친구들하고 언제 처음 만났습니까?
　　(　　　　　　　　　　　　　　　　　　　　　　　　)
　②이 사람은 친구들하고 자주 만납니까?
　　(　　　　　　　　　　　　　　　　　　　　　　　　)

解答

私は友達が多くありません。けれども、とても㉠親しい友達が２人います。私が大変な時助けてくれて、いつも㉡　　　にいる友人達です。また、私を一番よく理解してくれる友人達です。その友人達は小学生の時に知り合いましたが、私達はいつも一緒にいて、勉強も一緒にしていました。一緒に笑って、泣いて、一緒に旅行もたくさんしました。今はみんな結婚して、家族ができました。そして、１人は遠くへ引っ越したので、私達は頻繁に会えませんが、心はいつも㉢近くにいます。私はこのようないい友人達に会えて本当に幸せです。

(1)
①私は友達が少ないです。(○)
②私の友達は私をよく理解してくれます。(○)
③私は友達と一緒に経験したことが多いです。(○)

(2) ④사이가 좋은
①마음이 다른　心が違う　　②마음이 착한　心がやさしい
③사이가 나쁜　仲が悪い　　④사이가 좋은　仲がいい

(3) ②옆
①앞　前　　②옆　横、そば　　③뒤　後ろ　　④안　中

(4) 멀리　遠く

(5)
①この人は親しい友達といつ初めて会いましたか？
초등학생 때 처음 만났습니다.　小学生の時、初めて会いました。

②この人は友達とよく会いますか？
아니요. 지금은 모두 결혼해서 가족이 생겼고, 한 명은 멀리 이사를 갔기 때문에 자주 못 만납니다.　いいえ。今はみんな結婚して家族ができて、１人は遠くへ引っ越したので、頻繁に会えません。

STEP 3. 作文・読解編　9. 好きな友達　215

作文を読んでみましょう (2)

次の文章を読んで、質問に答えなさい。

> 　저는 지금 한국어를 배우고 있는 한국어 교실에서 ㉠[　　　] 친구들을 많이 만났어요. 나이도 다르고 하는 일도 서로 다른 친구들인데 그 중에서 가장 친해진 친구가 유카 씨예요. 유카 씨는 한국어를 아주 잘해서 제가 모르는 것을 물어보면 친절하게 가르쳐 줘요. 우리는 같이 한국 영화를 보러 가거나 한국 음식을 먹으러 가요. 유카 씨는 회사원인데 작년에 결혼을 했어요. 저는 요리나 청소를 별로 ㉡좋아하지 않는데 유카 씨는 ㉢집안일도 좋아해요. 저도 유카 씨처럼 한국어도 집안일도 잘하는 멋있는 여성이 되고 싶어요.

(1) 本文を読み、次の①〜③が本文の内容と同じ時は○、異なる時には×をつけなさい。
　①저는 한국어 교실에서 여러 친구들이 생겼습니다. (　　)
　②유카 씨는 친절해서 한국 요리를 가르쳐 줍니다. (　　)
　③저도 유카 씨 같은 여자가 되고 싶습니다. (　　)

(2) ㉠に入る最も適切なものを次の①〜④から選びなさい。
　①이　　②새　　③조용한　　④똑같은

(3) ㉡と同じ意味のものを次の①〜④から選びなさい。
　①좋아하지 않아서　　②좋아하지 않으면
　③좋아하지 않지만　　④좋아하지 않고

(4) ㉢を具体的に指しているものを本文の中から探しなさい。

(5) 次の質問に韓国語で答えなさい。
　①이 사람은 한국어를 어디에서 배우고 있습니까?
　　(　　　　　　　　　　　　　　　　　　　　　　　　)
　②이 사람은 유카 씨하고 함께 무엇을 합니까?
　　(　　　　　　　　　　　　　　　　　　　　　　　　)

解答

　　私は今韓国語を習っている韓国語教室で㋐____友達にたくさん出会いました。年齢も違って、やっている仕事も互いに違う友達ですが、その中で一番親しくなった友達が由加さんです。由加さんは韓国語がとても上手で私が分からないことを聞くと、親切に教えてくれます。私達は一緒に韓国映画を見に行ったり、韓国料理を食べに行きます。由加さんは会社員ですが、去年、結婚しました。私は料理や掃除があまり㋑<u>好きではありません</u>が、由加さんは㋒<u>家事</u>も好きです。私も由加さんのように韓国語も家事もできる素敵な女性になりたいです。

(1)
　①私は韓国語教室でいろいろな友達ができました。（○）
　②由加さんは親切なので、韓国料理を教えてくれます。（×）
　③私も由加さんのような女性になりたいです。（○）

(2)　②새
　①이　이　　②새　新しい　　③조용한　静かな　　④똑같은　全く同じ

(3)　③좋아하지 않지만
　①좋아하지 않아서　好きではないので　　②좋아하지 않으면　好きでなければ
　③좋아하지 않지만　好きではないけれど　　④좋아하지 않고　好きではなく

(4)　요리나 청소　料理や掃除

(5)
　①この人は韓国語をどこで習っていますか？
　　한국어 교실에서 배우고 있습니다.　韓国語教室で習っています。

　②この人は由加さんと一緒に何をしますか？
　　한국 영화를 보러 가거나 한국 음식을 먹으러 갑니다.　韓国映画を見に行ったり、韓国料理を食べに行きます。

STEP 3. 作文・読解編　9. 好きな友達　217

作文の前にウォーミングアップ

1. 次の単語や語句を並び替えて、文章を完成させなさい。

(1) 저 사이토 는 친합니다 하고 씨 제일

→ _____

(2) 만났어요 에 는 처음 사이토 씨 재작년

→ _____

(3) 친구 저 합니다 식사 같이 는 하고 를

→ _____

(4) 제 길고 친구 가 날씬해요 머리 는

→ _____

2. 次の質問に韓国語で答えなさい。

(1) 지금 가장 친한 친구는 누구입니까?

(2) 그 친구는 언제 처음 만났습니까?

(3) 그 친구를 만나면 무엇을 합니까?

(4) 그 친구는 어떤 사람입니까?

解答

1.
(1) 저는 사이토 씨하고 제일 친합니다. 私は斎藤さんと一番親しいです。
(2) 사이토 씨는 재작년에 처음 만났어요. 斎藤さんはおととし初めて会いました。
(3) 저는 친구하고 같이 식사를 합니다. 私は友達と一緒に食事をします。
(4) 제 친구는 머리가 길고 날씬해요. 私の友達は髪が長くてすらっとしています。

2.
(1) 今、一番親しい友達は誰ですか？
[Hint]「저의 가장 친한 친구는 -입니다 (私の一番親しい友達は～です), 제가 가장 친한 친구는 -입니다 (私が一番親しい友達は～です), 저는 -하고 가장 친합니다 (私は～と一番親しいです)」などを使うことができます。

(2) その友達はいつ初めて会いましたか？

(3) その友達に会ったら何をしますか？

(4) その友達はどんな人ですか？

語彙力をアップしましょう

基本語彙と表現

중학교 때 中学生の時　　고등학교 때 高校生の時　　대학교 때 大学生の時
이메일 Eメール　　　　　　　　　　착하다 やさしい
친하다 親しい　　　　　　　　　　친해지다 親しくなる
사귀다 付き合う、友達になる
성격이 좋다 性格がいい　　　　　　성격이 맞다 性格が合う
마음이 넓다 心が広い　　　　　　　마음이 맞다 気が合う
기분이 좋다 気分がいい　　　　　　기분이 나쁘다 気分が悪い
잘 이해해 주다 よく理解してくれる

使える語彙と表現

회사 동료 会社の同僚　　　　　　　대신 代わりに
아플 때 具合が悪い時　　슬플 때 悲しい時　　기쁠 때 嬉しい時
항상 같이 いつも一緒に　　　　　　친구가 된 이후에 友達になってから
조용하다 静かだ　　　　　　　　　건강하다 健康だ
마음이 좋다 心がやさしい
약속을 잘 지키다 約束をよく守る
실수를 이해해 주다 ミスを理解してくれる
옆에 있어 주다 そばにいてくれる
같이 웃고 같이 울다 一緒に笑って一緒に泣く

作文を書いてみましょう

※다음을 읽고 150~300자로 글을 쓰십시오(띄어쓰기 포함).
　次の問題を読んで、150~300字以内（分かち書きを含む）で文章を書きなさい。

　가장 친한 친구, 좋아하는 친구는 누구입니까? 그 친구를 언제 만났습니까? 그 친구는 무슨 일을 합니까? 그 친구를 만나면 무엇을 합니까? 여러분의 가장 친한 친구, 좋아하는 친구에 대해 쓰십시오.

(1) マインドマップを描きましょう

　まず、好きな友達について書きたいことを思い出しながら、マインドマップを作成しましょう。書いた部分についてもさらに思い出したことがあれば書き足してもいいです。文章ではなく単語や語句で書きましょう。必ず次のポイントが入るように書き、書き終わったら、それぞれのポイントに番号を付けておきましょう。制限時間は15~20分です。

作文ポイント：①好きな友達・親しい友達　②知り合った時期　③友達の職業、趣味など　④友達とやること　⑤好きな理由

好きな友達

(2) 作文を書いてみましょう

　左のページのマインドマップをもとに作文を書いてみましょう。①から⑤の順番は変えてもいいですが、順番通りに書いていけばうまく書けます。制限時間は35〜40分です。

私だけのメモ帳

次の単語から連想されるものを書いてみましょう。

(1) 友達の好きなところ

(2) 友達と一緒にやること

私だけのチェックリストを作ってみましょう。

(1) ＿＿＿＿＿＿＿＿

(2) ＿＿＿＿＿＿＿＿

10. 今年の抱負

STEP 3

- 226 作文例を見てみましょう（1）
  - Point
- 228 作文例を見てみましょう（2）
  - Point
- 230 間違いを探しましょう…解答
- 232 作文を読んでみましょう（1）…解答
- 234 作文を読んでみましょう（2）…解答
- 236 作文の前にウォーミングアップ…解答
- 239 語彙力をアップしましょう
  - 基本語彙と表現
  - 使える語彙と表現
- 240 作文を書いてみましょう
  - （1）マインドマップを描きましょう
  - （2）作文を書いてみましょう
- 242 私だけのメモ帳

作文例を見てみましょう (1)

例1.　여러분은 올해 무엇을 하고 싶습니까? 왜 그것을 하고 싶습니까? 올해 꼭 하고 싶은 것에 대해 쓰십시오.

　　　みなさんは今年何をしたいですか？なぜそれがしたいですか？今年、必ずしたいことについて書きなさい。

　　올해 저는 요가를 배우고 싶습니다. 저는 운동을 좋아해서 ☆주말마다 스포츠센터에 다니고 있습니다. 이 스포츠센터에 ①다니기 시작하고 벌써 4년이 되었습니다. 다른 일이 없으면 주말에는 꼭 운동을 하러 갑니다. 하지만, 요즘은 운동을 하면 바로 피곤해집니다. ②나이의 때문인 것 같습니다. 그런데 요가는 그렇게 힘든 운동이 아니고 요가를 하면 몸이 ③가볍게 되고 기분도 좋아진다고 합니다. 그래서 2014년에는 건강을 위해서 요가를 배우고 싶습니다.

POINT

分かち書き

☆ 주말ˇ마다（×）→ 주말마다（○）　週末ごとに

「마다」は名詞について「〜ごとに、〜のたびに、〜おきに」の意味を表す助詞なので、前の名詞とくっつけて書きます。
　　ex）월요일마다　日曜日ごとに　　　날마다　毎日

語彙・文法

① 다니기 시작하고（×）→ 다니기 시작한 지（○）　通い始めて

「〜してから〜（期間）になる」は「-(으)ㄴ 지 （期間） 가/이 되다」です。また、期間の後の「가/이」は省略できます。一方、「스포츠센터에 다니고 나서 건강해졌습니다（スポーツジムに通ってから健康になりました）」のように後ろに期間が現れない「〜してから〜する」の場合は「-고 나서」を使います。
　　ex）한국어를 배운 지 3년 됐습니다.　韓国語を習ってから3年になりました。
　　　　한국에 온 지 한 달이 되었어요.　韓国に来てから1ヶ月になりました。

② 나이의 때문（×）→ 나이 때문（○）　年のせい

「〜のせい、〜のため（理由）」は韓国語で「때문, 탓」といいます。助詞「의（の）」は省略しますので、注意しましょう（p.283参照）。
　　ex）눈 때문에 등산을 못 했어요.　雪のせいで、登山に行けませんでした。
　　　　일 때문에 바빠요.　仕事のために忙しいです。

③ 가볍게 되고（×）→ 가벼워지고（○）　軽くなって

形容詞の変化を表す「〜くなる、〜になる（おのずとそういう状態になる場合）」は「-아/어지다」なので、ここでは「가볍다（軽い）→가벼워지다（軽くなる）」を使います。一方、動詞の変化「〜するようになる（働きかけによって変化する場合）」は「-게 되다」を使います（p.193参照）。
　　ex）무겁다　重い　　→　무거워지다　重くなる
　　　　좋다　いい　　　→　좋아지다　よくなる、好きになる
　　　　예쁘다　きれいだ　→　예뻐지다　きれいになる

作文例を見てみましょう（2）

例2.　여러분은 올해 무엇을 하고 싶습니까? 왜 그것을 하고 싶습니까? 올해 꼭 하고 싶은 것에 대해 쓰십시오.

　　みなさんは今年何をしたいですか？なぜそれがしたいですか？今年、必ずしたいことについて書きなさい。

　　저는 올해 하고 싶은 것이 많이 있어요. 먼저 여행을 많이 가고 싶어요. 그렇지만 돈도 별로 없고 ①길은 휴가도 없어서 이것은 좀 ②어려운 것 같아요. 그리고 독서도 많이 하고 싶어요. 작년에는 책을 별로 못 읽었기 때문에 올해는 제가 좋아하는 역사소설을 많이 읽으려고 해요. 또 하고 싶은 것은 요리예요. ☆일본 요리말고 한국 요리나 다른 외국 요리를 배우고 싶어요. ③마지막에 다이어트도 열심히 할 거예요. 올해는 여러 가지 하고 싶은 것이 많기 때문에 하루하루를 열심히 지내려고 해요.

POINT

分かち書き

☆ 일본 요리말고 (×) → 일본 요리 ∨ 말고 (○)　日本料理ではなくて

「名詞＋ではなくて」は名詞の後で分かち書きをします。
　　ex) 콜라 말고 커피를 주세요.　コーラではなくてコーヒーをください。
　　　　오늘 말고 내일 만납시다.　今日ではなくて明日会いましょう。

語彙・文法

① 길은 휴가도 (×) → 긴 휴가도 (○)　長い休暇も

形容詞の連体形は「크다（大きい）－큰 가방（大きい鞄）」「작다（小さい）－작은 가방（小さい鞄）」のようにパッチムの有無によって「-ㄴ/은」のように活用しますが（p.139、245参照）、語幹の最後がㄹパッチムの場合はㄹを取ってㄴを入れます。
　　ex) 멀다　遠い　　→　먼 고향　遠い故郷
　　　　달다　甘い　　→　단 과자　甘いお菓子
　　　　힘들다　大変だ　→　힘든 일　大変な仕事

② 어려운 것 같아요 (×) → 어려울 것 같아요 (○)　難しそうです

「-(으)ㄴ 것 같다」と「-(으)ㄹ 것 같다」は推測「～そうだ、～らしい、～ようだ、～と思う」の意味で、形容詞に付いて使われます。前者は話者が直接見たり、経験したりしたことを表す時に使うのに対し、後者は話者の推測を表す時に使います。たとえば、「맛있는 것 같아요」は「（食べてみて）美味しいと思います」を意味するのに対し、「맛있을 것 같아요」は「（まだ食べていないが、見た目などで判断して）美味しそうです」を意味します。

③ 마지막에 (×) → 마지막으로 (○)　最後に

「最後に」は「마지막에」または「마지막으로」といいますが、「마지막에」は「最初に（처음에）」の反対語として使われる「最後に」を、「마지막으로」は「初めて（처음으로）」の反対語として使われる「最後に」で、「最後として、最終的に」を意味します。
　　ex) 마지막으로 하고 싶은 말이 있습니까?　最後に言いたいことはありますか？
　　　　좋아하는 것을 처음에 먹어요, 마지막에 먹어요?
　　　　好きなものを最初に食べますか、最後に食べますか？

間違いを探しましょう

次の文章の間違いを探し、適切な表現に直しなさい。

(1) 한국어를 배우고 2년이 되었습니다.

(2) 다음 주에 있는 시험 준비의 때문에 주말에는 시간이 없어요.

(3) 요즘 날씨가 많이 따뜻하게 되었지요?

(4) 달은 과자나 아이스크림을 먹은 후에는 이를 꼭 닦으세요.

(5) 수현 씨는 아침부터 기분이 좋을 것 같아요.

(6) 이십만 원요? 좀 비쌀 것 같은데 다른 것도 보여 주세요.

(7) 여러분, 오늘은 바쁘신데도 모두 참가해 주셔서 감사합니다. 그럼, 마지막에 사장님의 인사 말씀을 듣겠습니다.

解答

(1) 배우고 → 배운 지　韓国語を習ってから、2年になりました。
[Hint]「～してから～（期間）になる」は「-(으)ㄴ 지 (期間) 가/이 되다」です。

(2) 시험 준비의 때문에 → 시험 준비 때문에　来週にある試験準備のために、週末には時間がありません。
[Hint]「～のせい、～のため（理由）」は韓国語で「때문, 탓」といいます。

(3) 따뜻하게 되었지요 → 따뜻해졌지요　最近、天気がかなり暖かくなりましたよね。
[Hint] 形容詞の変化を表す「～くなる、～になる」は「-아/어지다（自然とおのずとそういう状態になる場合）」です。

(4) 달은 → 단　甘いお菓子やアイスクリームを食べた後は歯を必ず磨いてください。
[Hint] 形容詞の連体形は「-ㄴ/은」のように活用しますが、ㄹパッチムの場合はㄹを取ってㄴを入れます。

(5) 좋을 → 좋은　スヒョンさんは朝から気分がよさそうですね。
[Hint]「-(으)ㄴ 것 같다」は話者が直接見たり、経験したことを表す時に使うのに対し、「-(으)ㄹ 것 같다」は話者の推測を表す時に使います。

(6) 비쌀 → 비싼　20万ウォンですか？少し高いと思うので、他のものも見せてください。
[Hint]「-(으)ㄴ 것 같다」は話者が直接見たり、経験したことを表す時に使うのに対し、「-(으)ㄹ 것 같다」は話者の推測を表す時に使います。

(7) 마지막에 → 마지막으로　皆様、本日はお忙しい中、全員参加していただきありがとうございます。それでは、最後に社長からご挨拶をいただきます。
[Hint]「마지막에」は「最初に（처음에）」の反対語として使われる「最後に」を、「마지막으로」は「初めて（처음으로）」の反対語として使われる「最後に」で、「最後として、最終的に」を意味します。

作文を読んでみましょう (1)

次の文章を読んで、質問に答えなさい。

> 올해는 한국말을 ㉠ ☐ 공부하고 싶습니다. 특히 발음 연습을 많이 하려고 합니다. 우리 한국어 선생님의 발음이 아주 좋아서 저도 선생님처럼 발음할 수 있으면 좋겠습니다. 저는 한국 드라마를 보면서 듣기 연습을 하고 시디를 들으면서 발음을 연습합니다. 한국어의 받침 발음은 정말 ㉡ ☐. 하지만, 매일 조금씩 연습하면 ㉢ 꼭 잘할 수 있을 것입니다.

(1) 本文を読み、次の①〜③が本文の内容と同じ時は○、異なる時には×をつけなさい。
　①저는 올해 한국어 공부를 시작했습니다. (　　)
　②저는 한국 시디를 듣는 것을 좋아합니다. (　　)
　③앞으로 한국어 발음 연습을 많이 할 것입니다. (　　)

(2) ㉠に入る最も適切なものを次の①〜④から選びなさい。
　①언제나　　②열심히　　③갑자기　　④똑바로

(3) ㉡に入る最も適切なものを次の①〜④から選びなさい。
　①쉬울 것 같습니다　　②어려울 것 같습니다
　③쉬운 것 같습니다　　④어려운 것 같습니다

(4) ㉢と同じ意味のものを次の①〜④から選びなさい。
　①반드시　　②마음대로　　③잠깐　　④어서

(5) 次の質問に韓国語で答えなさい。
　①이 사람은 한국어 공부 중에서 무엇을 가장 어려워합니까?
　　(　　　　　　　　　　　　　　　　　　　　　　　　　)
　②이 사람은 듣기 연습을 어떻게 하고 있습니까?
　　(　　　　　　　　　　　　　　　　　　　　　　　　　)

解答

今年は、韓国語を㋐_____勉強したいです。特に発音練習をたくさんしようと思います。私の韓国語の先生の発音がとてもいいので、私も先生のように発音できればと思います。私は韓国ドラマを見ながら聞き取りの練習をして、CDを聴きながら発音の練習をします。韓国語のパッチムの発音は本当に㋑_____。けれども、毎日少しずつ練習すれば、㋒きっと上手くなれると思います。

(1)
　①私は今年韓国語の勉強を始めました。（×）
　②私は韓国のCDを聴くのが好きです。（×）
　③これから韓国語の発音の練習をたくさんするつもりです。（○）

(2)　②열심히
　①언제나　いつも　　②열심히　一生懸命に
　③갑자기　突然　　　④똑바로　まっすぐに

(3)　④어려운 것 같습니다
　①쉬울 것 같습니다　易しそうです　　　②어려울 것 같습니다　難しそうです
　③쉬운 것 같습니다　易しいと思います　④어려운 것 같습니다　難しいと思います

(4)　①반드시
　①반드시　必ず　②마음대로　勝手に　③잠깐　ちょっと　④어서　速く

(5)
　①이 사람은 韓国語の勉強の中で何を一番難しく思いますか？
　　(받침)발음을 가장 어려워합니다. （パッチムの）発音を一番難しく思います。

　②이 사람은 聞き取りの練習をどのようにしていますか？
　　한국 드라마를 보면서 듣기 연습을 하고 있습니다. 韓国ドラマを見ながら聞き取りの練習をしています。

STEP 3. 作文・読解編　10. 今年の抱負　233

作文を読んでみましょう (2)

次の文章を読んで、質問に答えなさい。

> 올해는 무엇보다도 한국어를 ㉠_____ 열심히 공부하려고 해요. ㉡_____ 제가 일하는 회사가 한국 회사하고 같이 일을 하고 있어서 한국에 전화하거나 한국어로 메일을 보내야 하는 일이 많기 때문이에요. 아직 저는 한국어를 잘하지 못하기 때문에 다른 사람의 도움을 많이 받고 있지만, 올해부터는 제가 직접 ㉢그 일을 해 보고 싶어요. 또 한국에 출장을 갈 때에도 한국 사람들하고 한국말로 이야기를 하고 싶어요. 열심히 한국어를 공부해서 한국 사람처럼 말할 수 있게 되면 좋겠어요.

(1) 本文を読み、次の①～④が本文の内容と同じ時は○、異なる時には×をつけなさい。
　①우리 회사는 한국 회사입니다. (　　)
　②저는 한국에 전화하는 일이 많습니다. (　　)
　③저는 올해 열심히 한국어를 공부할 것입니다. (　　)

(2) ㉠に入る最も適切なものを次の①～④から選びなさい。
　①그냥　　②다　　③더　　④보통

(3) ㉡に最も適切な接続詞を入れなさい。
　㉡ _____

(4) ㉢が指しているものを本文の中から探しなさい。

(5) 次の質問に韓国語で答えなさい。
　①지금 이 사람은 한국 관련 일을 직접 하고 있습니까?
　　(　　　　　　　　　　　　　　　　　　　　　　)
　②이 사람이 한국에 출장 가서 해 보고 싶은 것은 무엇입니까?
　　(　　　　　　　　　　　　　　　　　　　　　　)

解答

> 　今年は、何よりも韓国語を㉠[　　　]一生懸命に勉強しようと思います。㉡[　　　]、私が働いている会社が韓国の会社と一緒に仕事をしているので、韓国に電話をしたり、韓国語でメールを送らなければならない仕事が多いからです。まだ私は韓国語が上手くないので、他の人にたくさん助けてもらっていますが、今年からは私が直接㉢その仕事をやってみたいです。また、韓国に出張に行く時も韓国人達と韓国語で話したいです。一生懸命に韓国語を勉強して、韓国人のように話せるようになれたらいいなと思います。

(1)
　①私の会社は韓国の会社です。(×)
　②私は韓国に電話することが多いです。(×)
　③私は今年、一生懸命に韓国語を勉強するつもりです。(○)

(2)　㉠더
　①그냥　そのまま、ただ　　②다　みんな　　③더　もっと　　④보통　普通

(3)　㉡왜냐하면　なぜならば

(4)　한국에 전화하거나 한국어로 메일을 보내는 일　韓国に電話したり、韓国語でメールを送る仕事

(5)
　①現在、この人は韓国関連の仕事を直接やっていますか？
　　아니요. 다른 사람의 도움을 많이 받고 있습니다.　いいえ。他の人にたくさん助けてもらっています。

　②この人が韓国に出張に行ってやってみたいことは何ですか？
　　한국 사람들하고 한국말로 이야기를 하는 것입니다.　韓国の人々と韓国語で話すことです。

作文の前にウォーミングアップ

1. 次の単語や語句を並び替えて、文章を完成させなさい。

(1) 담배 끊으려고 올해 해요 는 를

→ _____

(2) 않기 건강 는 에 좋지 담배 입니다 때문

→ _____

(3) 일어나서 거예요 일찍 할 을 운동

→ _____

(4) 한국 것 혼자서 갈 입니다 을 여행

→ _____

2. 次の質問に韓国語で答えなさい。

(1) 올해 무엇을 하고 싶습니까?

(2) 왜 그것을 하고 싶습니까?

(3) 그것을 위해서 어떻게 하겠습니까?

(4) 올해 계획을 세우십시오.

解答

1.
(1) 올해는 담배를 끊으려고 해요.　今年はタバコをやめようと思います。
(2) 담배는 건강에 좋지 않기 때문입니다.　タバコは健康によくないからです。
(3) 일찍 일어나서 운동을 할 거예요.　早く起きて運動をするつもりです。
(4) 혼자서 한국 여행을 갈 것입니다.　１人で韓国旅行に行くつもりです。

2.
(1) 今年何がしたいですか？

(2) なぜそれがしたいですか？

(3) そのためにどのようにしますか？

(4) 今年の計画を立てなさい。

[Hint] 「올해는 -(으)ㄹ 것입니다 (今年は～するつもりです), -(으)ㄹ 계획입니다 (～するつもりです), -(으)려고 합니다 (～しようと思います)」などを使うことができます。

語彙力をアップしましょう

基本語彙と表現

계획 計画
연습하다 練習する
시험을 보다 試験を受ける
돈을 모으다 お金を貯める
꼭 -를/을 할 것이다 必ず~をするつもりだ
-(으)려고 하다 ~しようと思う
운전을 배우려고 하다 運転を習おうと思う
운동을 하려고 하다 運動をしようと思う
공부를 열심히 하려고 하다 勉強を一生懸命にしようと思う

걷다 歩く
다이어트를 하다 ダイエットをする
시험에 합격하다 試験に合格する
건강을 위해서 健康のために

使える語彙と表現

작년 去年
퇴근 후 退社後
이사하다 引っ越す
취미생활을 하다 趣味生活をする、趣味を楽しむ
운전을 배우다 運転を習う
가 본 적이 없기 때문에 行ったことがないので
-를/을 잘할 수 있게 되면 좋겠다 ~が上手くなれたらいいなと思う

내년 来年
일상생활 日常生活
즐기다 楽しむ

作文を書いてみましょう

※다음을 읽고 150~300자로 글을 쓰십시오(띄어쓰기 포함).
　次の問題を読んで、150〜300字以内（分かち書きを含む）で文章を書きなさい。

　여러분은 올해 무엇을 하고 싶습니까? 왜 그것을 하고 싶습니까? 올해 꼭 하고 싶은 것에 대해 쓰십시오.

⑴　マインドマップを描きましょう

　まず、今年したいことについて書きたいことを思い出しながら、マインドマップを作成しましょう。書いた部分についてもさらに思い出したことがあれば書き足してもいいです。文章ではなく単語や語句で書きましょう。必ず次のポイントが入るように書き、書き終わったら、それぞれのポイントに番号を付けておきましょう。制限時間は15〜20分です。

作文ポイント：①今年したいこと　②その理由　③そのためにすべきこと

今年の抱負

(2) 作文を書いてみましょう

　左のページのマインドマップをもとに作文を書いてみましょう。①から③の順番は変えてもいいですが、順番通りに書いていけばうまく書けます。制限時間は35～40分です。

私だけのメモ帳

次の単語から連想されるものを書いてみましょう。

(1) 学校・会社

(2) 健康・病気

私だけのチェックリストを作ってみましょう。

(1) ＿＿＿＿＿＿＿

(2) ＿＿＿＿＿＿＿

11. 時間があったら したいこと

244 作文例を見てみましょう（1）
　　　　Point
246 作文例を見てみましょう（2）
　　　　Point
248 間違いを探しましょう…解答
250 作文を読んでみましょう（1）…解答
252 作文を読んでみましょう（2）…解答
254 作文の前にウォーミングアップ…解答
257 語彙力をアップしましょう
　　　基本語彙と表現
　　　使える語彙と表現
258 作文を書いてみましょう
　　　（1）マインドマップを描きましょう
　　　（2）作文を書いてみましょう
260 私だけのメモ帳

作文例を見てみましょう（1）

例1. 여러분은 시간이 있으면 무엇을 하고 싶습니까? 그것을 누구와 하고 싶습니까? 왜 그것을 하고 싶습니까? 여러분이 하고 싶은 것에 대해 쓰십시오.

みなさんは時間があったら何がしたいですか？それを誰としたいですか？なぜそれがしたいですか？みなさんがしたいことについて書きなさい。

　　저는 시간이 있으면 한국에 여행을 가고 싶습니다. 지금까지 한국에는 ①이번 갔는데 시간이 있으면 친구하고 또 가고 싶습니다. 한국은 가깝고 맛있는 음식이 많고 화장품이나 옷도 싸기 때문에 쇼핑도 즐겁습니다. 사람들도 친절해서 저는 한국을 ☆아주좋아합니다. 하지만, 아직 가 보지 못한 장소가 많고 ②먹고 싶는 음식도 많습니다. 그래서 올해는 시간을 만들어서 또 한국에 여행을 ③가는 것입니다.

POINT

分かち書き

☆ 아주좋아합니다（×）→ 아주 ∨ 좋아합니다（○）　とても好きです

副詞と動詞の間は分かち書きをします。
　　ex）오늘은 너무 추워요.　今日はとても寒いです。
　　　　친구들이 많이 왔습니다.　友達がたくさん来ました。

語彙・文法

① 이 번（×）→ 두 번（○）　2回

韓国語には日本語と同じく「いち、に、さん・・・」に当たる漢数詞「일, 이, 삼…」と、「ひとつ、ふたつ、みっつ・・・」に当たる固有数詞「하나, 둘, 셋…」があります。また、漢数詞と固有数詞をいつ使うかは次のように単位名詞によって決まっています。

漢数詞	원（ウォン），층（階），번（番），개월（ヶ月），분（時間の分）など
固有数詞	개（個），권（冊），명（名），마리（匹），잔（杯），장（枚），살（歳），시（時間の時），시간（時間）など

また、固有数詞「하나（1），둘（2），셋（3），넷（4），스물（20）」は後ろに単位名詞が来ると「한, 두, 세, 네, 스무」に変わるので、注意しましょう（p.85参照）。

② 먹고 싶는 음식도（×）→ 먹고 싶은 음식도（○）　食べたい料理も

「먹다（食べる）」は動詞なので、連体形は「먹는 음식（食べる料理）」ですが、「먹고 싶다（食べたい）」は状態を表す形容詞になるので、形容詞の連体形の「-(으)ㄴ」を使って、「먹고 싶은 음식」といいます（p.139、229参照）。
　　ex）지금 보는 영화　今見ている映画
　　　　앞으로 보고 싶은 영화　これから見たい映画

③ 가는 것입니다（×）→ 갈 것입니다（○）　行くつもりです

意志「～するつもりだ」は「-(으)ㄹ 것이다」なので、「行くつもりです」は「갈 거예요（해요体），갈 것입니다（합니다体）」といいます。ちなみに、「것입니다」の縮約形は「겁니다」です。
　　ex）나중에 제가 할 거예요.　あとで私がやるつもりです。
　　　　언제 올 겁니까?　いつ来るつもりですか?

作文例を見てみましょう（2）

例2.　여러분은 시간이 있으면 무엇을 하고 싶습니까? 그것을 누구와 하고 싶습니까? 왜 그것을 하고 싶습니까? 여러분이 하고 싶은 것에 대해 쓰십시오.

　　みなさんは時間があったら何がしたいですか？それを誰としたいですか？なぜそれがしたいですか？みなさんがしたいことについて書きなさい。

　　저는 시간이 있으면 해외 여행을 가고 싶어요. ☆남편이나 친구들과 같이 가는 것도 좋지만, 어머니와 함께 가는 여행이 가장 즐거워요. 지금까지 어머니하고 ①여러 것에 여행을 했는데 작년에는 어머니하고 유럽 여행을 했어요. 박물관 구경도 하고 맛있는 음식도 먹고 정말 ②좋아하는 여행이었어요. 하지만, ③전철으로 다니면서 구경하는 여행은 좀 힘들었어요. 다음에는 배로 세계 여행을 하고 싶어요.

POINT

分かち書き

☆ 남편 ˅ 이나 (×) → 남편이나 (○)　夫や

「(이)나 (や、か)」は列挙を表す助詞なので、前の名詞とくっつけて書きます。
　　ex) 영화나 드라마를 봅니다.　映画やドラマを見ます。
　　　　책이나 신문을 읽습니다.　本か新聞を読みます。

語彙・文法

① 여러 것에 (×) → 여러 곳에 (○)　いろいろな所に

「곳 (所)」と「것 (もの)」は発音とスペルが似ていて間違えやすいので、注意しましょう。
　　ex) 그것이 새 것입니다.　それが新しいものです。
　　　　이곳이 제가 말한 곳이에요.　ここが私が話した所です。

② 좋아하는 여행이었어요 (×) → 좋은 여행이었어요 (○)　いい旅行でした

「～好きだ」は「좋아하다, 좋다」といいますが、もともと「좋아하다 (動詞)」は「好む」、「좋다 (形容詞)」は「いい」という意味なので、連体形で使う時は意味が変わってしまいます (p.85、193参照)。

좋아하다 (好きだ、好む)		좋다 (好きだ、いい)
ex) 저는 가을을 좋아해요. 　　私は秋が好きです。 　　좋아하는 사람이에요. 　　好きな人です。	VS	ex) 저는 가을이 좋아요. 　　私は秋が好きです。 　　좋은 사람이에요. 　　いい人です。

③ 전철으로 (×) → 전철로 (○)　電車で

手段・方法・道具・理由などを表す助詞「で」は韓国語で「(으)로」ですが、直前の語にパッチムが無い場合は「로」を、パッチムがある場合は「으로」を使います。また、ㄹパッチムは「로」を使います (p.137参照)。
　　ex) 택시로 갔어요.　タクシーで行きました。
　　　　손으로 써요.　手で書きます。
　　　　쌀로 만들어요.　米で作ります。

間違いを探しましょう

次の文章の間違いを探し、適切な表現に直しなさい。

(1) 하루에 이 시간 정도 걷습니다.

(2) 앞으로 하고 싶는 일이 뭐예요?

(3) 오늘 저녁에는 김치찌개를 만드는 겁니다.

(4) 이번에는 한 번도 안 가 본 것에 갑시다.

(5) 이 중에서 어떤 곳이 새로 나온 거예요?

(6) 이 사람이 제가 제일 좋은 연예인입니다.

(7) 수지는 성격이 아주 좋아하는 친구예요.

(8) 볼펜 말고 연필로 써도 됩니까?

解答

(1) 이 시간 → 두 시간　1日に2時間くらい歩きます。
[Hint] 時間を表す時は固有数詞を使います。

(2) 하고 싶는 → 하고 싶은　これからやりたいことは何ですか？
[Hint]「～고 싶다（～したい）」は状態を表す形容詞になるので、連体形は「～고 싶은」になります。

(3) 만드는 겁니다 → 만들 겁니다　今日の夕食にはキムチチゲを作るつもりです。
[Hint] 意志「～するつもりだ」は「-(으)ㄹ 것이다」です。

(4) 것 → 곳　今度は一度も行ったことがない所に行きましょう。
[Hint]「所」のスペルは「곳」です。

(5) 곳 → 것　この中でどれが新しく出たものですか？
[Hint]「もの」のスペルは「것」です。

(6) 좋은 → 좋아하는　この人が私が一番好きな芸能人です。
[Hint]「～好きだ」は「좋아하다, 좋다」といいますが、「好きな」は「좋아하는」、「いい（連体形）」は「좋은」です。

(7) 좋아하는 → 좋은　スジは性格がとてもいい友達です。
[Hint]「～好きだ」は「좋아하다, 좋다」といいますが、「好きな」は「좋아하는」、「いい（連体形）」は「좋은」です。

(8) 연필으로 → 연필로　ボールペンではなくて、鉛筆で書いてもいいですか？
[Hint] 手段・方法・道具・理由などを表す助詞「で」は直前の語にパッチムが無い場合は「로」を、パッチムがある場合は「으로」を、ㄹパッチムは「로」を使います。

STEP 3. 作文・読解編　11. 時間があったらしたいこと　249

作文を読んでみましょう (1)

次の文章を読んで、質問に答えなさい。

> 저는 시간이 있으면 하고 싶은 것이 많습니다. ㉠ _____ 여행을 하고 싶습니다. 친구들하고 가는 것도 좋지만 저는 혼자서 여행을 하는 것을 더 좋아합니다. ㉡ _____ 그림도 배우고 싶습니다. 어렸을 때부터 그림 그리는 것을 좋아했는데 배운 적이 없습니다. 또 피아노도 배우고 싶고 골프도 배우고 습니다. 하지만, 이런 것들은 돈이 없으면 할 수 없습니다. 지금은 시간보다 돈이 없어서 하고 싶은 것을 할 수 없습니다. 열심히 돈을 ㉢ _____ 하고 싶은 것을 다 할 수 있으면 좋겠습니다.

(1) 本文を読み、次の①〜③が本文の内容と同じ時は○、異なる時には×をつけなさい。
　①저는 시간이 없어서 아무것도 할 수 없습니다. (　　)
　②저는 어렸을 때 그림을 안 배웠습니다. (　　)
　③저는 피아노를 배운 적이 있습니다. (　　)

(2) ㉠に入る最も適切なものを次の①〜④から選びなさい。
　①아직도　　②먼저　　③마지막으로　　④이미

(3) ㉡に最も適切な接続詞を入れなさい。
　㉡ _____

(4) ㉢に入る最も適切なものを次の①〜④から選びなさい。
　①찾아서　　②모여서　　③모아서　　④만져서

(5) 本文の内容と一致するように次の (　　) に適切な語彙を入れなさい。
　①(　　)는/은 다른 사람하고 같이 가는 것 보다 혼자 가는 것이 더 좋습니다.
　②피아노나 골프는 (　　)가/이 있어야 할 수 있습니다.

解答

　　私は時間があったらやりたいことがたくさんあります。㋀ ____、旅行をしたいです。友達と行くのもいいけれど、私は１人で旅をするのがもっと好きです。㋁ ____、絵も習いたいです。子供の時から、絵を描くのが好きでしたが、習ったことがありません。また、ピアノも習いたいし、ゴルフも習いたいです。けれども、このようなことはお金がなければできません。今は時間よりお金がないので、やりたいことができません。一生懸命にお金を㋂ ____、やりたいことが全部できたらいいなと思います。

(1)
　①私は時間がないので、何もできません。（×）
　②私は子供の時、絵を習いませんでした。（○）
　③私はピアノを習ったことがあります。（×）

(2)　②먼저
　①아직도　いまだに　　②먼저　まず　　③마지막으로　最後に　　④이미　すでに

(3)　㋁그리고　それから、そして

(4)　③모아서
　①찾아서　探して　　　　②모여서　集まって
　③모아서　集めて、貯めて　④만져서　触って

(5)
　①여행　旅行
　　旅行は他の人と一緒に行くより１人で行く方がもっといいです。

　②돈　お金
　　ピアノやゴルフはお金がないとできません。

作文を読んでみましょう (2)

次の文章を読んで、質問に答えなさい。

> 저는 시간이 조금 생기면 집안 정리를 하고 싶어요. 부엌이나 방을 정리하면서 필요 없는 물건을 ㉠[　　] 집안이 깨끗해지고 기분도 좋아지기 때문이에요. 그리고 시간이 ㉡<u>많이</u> 있으면 친구하고 여행을 하고 싶어요. 여러 나라의 문화나 요리를 알고 싶어요. 그래서 저는 여행할 때 그 나라의 슈퍼마켓이나 시장에 가는 것을 좋아해요. 그 나라의 생활 모습을 볼 수 있기 때문이에요. 하지만, 요즘은 너무 바쁘고 피곤하기 때문에 시간이 있으면 가장 하고 싶은 일은 ㉢[　　] 자는 것이에요.

(1) 本文を読み、次の①～④が本文の内容と同じ時は○、異なる時には×をつけなさい。
　①저는 집안을 정리하면 기분이 좋아집니다. (　　)
　②저는 시간이 없어서 여행을 할 수 없습니다. (　　)
　③요즘은 너무 바빠서 시간이 생기면 쉬고 싶습니다. (　　)

(2) ㉠に入る最も適切なものを次の①～④から選びなさい。
　①사면　　②입으면　　③버리면　　④피하면

(3) ㉡と反対の意味のものを本文の中から探しなさい。

(4) ㉢に入る最も適切なものを次の①～④から選びなさい。
　①이렇게　　②푹　　③주로　　④전혀

(5) 本文の内容と一致するように次の (　　) に適切な語彙を入れなさい。
　①저는 여러 나라를 여행하면서 그 나라의 (　　)에 대해서 알고 싶어요.
　②저는 그 나라의 (　　)를/을 알 수 있는 슈퍼마켓이나 시장에 가는 것을 좋아합니다.

解答

　　私は時間が少しできたら家の中を整理したいです。台所や部屋を片付けながら必要ないものを㋐_____、家の中がきれいになって、気分もよくなるからです。それから、時間が㋑ たくさんあったら、友達と旅行に行きたいです。いろんな国の文化や料理が知りたいです。それで、私は旅行をする時、その国のスーパーマーケットや市場に行くのが好きです。その国の生活の様子を見ることができるからです。けれども、最近はとても忙しくて疲れているので、時間があったら一番やりたいことは㋒_____寝ることです。

(1)
　①私は家の中を片付けると気分がよくなります。（○）
　②私は時間がないので、旅行ができません。（×）
　③最近はとても忙しくて時間ができたら休みたいです。（○）

(2) 　③버리면
　①사면　買うと　　②입으면　着ると　　③버리면　捨てると　　④피하면　避けると

(3) 　조금　少し

(4) 　②푹
　①이렇게　このように　　②푹　ぐっすり　　③주로　主に　　④전혀　全然

(5)
　①문화나 요리　文化や料理
　　私はいろいろな国を旅行しながら、その国の文化や料理について知りたいです。

　②생활 모습　生活の様子
　　私はその国の生活の様子が分かるスーパーマーケットや市場に行くのが好きです。

作文の前にウォーミングアップ

1. 次の単語や語句を並び替えて、文章を完成させなさい。

(1) 한가합니다 은 라서 방학 지금 때

→ _____

(2) 요즘 아주 때문에 월말 이기 바빠요 은

→ _____

(3) 싶어요 청소 방 하고 를

→ _____

(4) 드라마 한국 를 하루종일 싶습니다 보고

→ _____

(5) 다른 싶습니다 한국어 배우고 말고 를 외국어

→ _____

2. 次の質問に韓国語で答えなさい。

(1) 요즘 어떻게 지냅니까? 바쁩니까? (네→(2), 아니요→(3))

(2) 왜 바쁩니까?　(3) 언제 바쁩니까?

(4) 시간이 조금 생기면 무엇을 하고 싶습니까?

(5) 시간이 많이 생기면 무엇을 하고 싶습니까?

解答

1.
(1) 지금은 방학 때라서 한가합니다.　今は学校の休み中なので暇です。
(2) 요즘은 월말이기 때문에 아주 바빠요.　最近は、月末なのでとても忙しいです。
(3) 방 청소를 하고 싶어요.　部屋の掃除をしたいです。
(4) 한국 드라마를 하루종일 보고 싶습니다.　韓国ドラマを一日中見たいです。
　　하루종일 한국 드라마를 보고 싶습니다.　一日中韓国ドラマを見たいです。
(5) 한국어 말고 다른 외국어를 배우고 싶습니다.　韓国語以外の他の外国語を習いたいです。

2.
(1) 最近、どのように過ごしていますか？忙しいですか？　（はい→(2)、いいえ→(3)）

(2) なぜ忙しいですか？

(3) いつ忙しいですか？

(4) 時間が少しできたら何がしたいですか？

(5) 時間がたくさんできたら何がしたいですか？

語彙力をアップしましょう

基本語彙と表現

영어 英語　　　　　　중국어 中国語　　　　　외국어 外国語
영화 映画　　　　　　관광 観光　　　　　　구경 見物、観覧
시간이 있을 때마다 時間がある度に　　산책하다 散歩する
시간이 없다 時間がない　　　　　　　잠을 자다 寝る
책을 읽다 本を読む
여행을 하다/가다 旅行をする／旅行に行く
푹 쉬다 ぐっすり休む

使える語彙と表現

연극 演劇　　　　　음악 감상 音楽鑑賞　　　　　야구장 野球場
하루 종일 一日中　　　　　　그냥 そのまま、ただ
청소하다 掃除する　　　　　아무것도 안 하다 何もしない
요리 교실에 다니다 料理教室に通う
하고 싶은 것이 너무 많다 やりたいことがとても多い
즐거울 것 같다 楽しそうだ　　　재미있을 것 같다 面白そうだ
-를/을 해 보고 싶다 ～をしてみたい
-를/을 배워 보고 싶다 ～を習ってみたい

作文を書いてみましょう

※다음을 읽고 150~300자로 글을 쓰십시오(띄어쓰기 포함).
　次の問題を読んで、150~300字以内（分かち書きを含む）で文章を書きなさい。

여러분은 시간이 있으면 무엇을 하고 싶습니까? 그것을 누구와 하고 싶습니까? 왜 그것을 하고 싶습니까? 여러분이 하고 싶은 것에 대해 쓰십시오.

(1)　マインドマップを描きましょう

　まず、時間があったらしたいことについて書きたいことを思い出しながら、マインドマップを作成しましょう。書いた部分についてもさらに思い出したことがあれば書き足してもいいです。文章ではなく単語や語句で書きましょう。必ず次のポイントが入るように書き、書き終わったら、それぞれのポイントに番号を付けておきましょう。制限時間は15～20分です。

作文ポイント：①時間があったらしたいこと　②誰と　③その理由

**時間があったら
したいこと**

(2) 作文を書いてみましょう

左のページのマインドマップをもとに作文を書いてみましょう。①から③の順番は変えてもいいですが、順番通りに書いていけばうまく書けます。制限時間は35～40分です。

私だけのメモ帳

次の単語から連想されるものを書いてみましょう。

(1) 外国語

(2) お金・費用

私だけのチェックリストを作ってみましょう。

(1) ＿＿＿＿＿＿＿＿

(2) ＿＿＿＿＿＿＿＿

12. 好きな季節

- 262 **作文例を見てみましょう（1）**
  Point
- 264 **作文例を見てみましょう（2）**
  Point
- 266 **間違いを探しましょう**…解答
- 268 **作文を読んでみましょう（1）**…解答
- 270 **作文を読んでみましょう（2）**…解答
- 272 **作文の前にウォーミングアップ**…解答
- 275 **語彙力をアップしましょう**
  基本語彙と表現
  使える語彙と表現
- 276 **作文を書いてみましょう**
  （1）マインドマップを描きましょう
  （2）作文を書いてみましょう
- 278 **私だけのメモ帳**

作文例を見てみましょう（1）

例1.　여러분은 봄, 여름, 가을, 겨울 중 어느 계절을 좋아합니까? 그 계절은 어떻습니까? 그 계절에는 보통 어디에 갑니까? 거기에서 무엇을 합니까? 여러분이 좋아하는 계절과 그 계절에 가는 곳, 하는 것에 대해 쓰십시오.

みなさんは、春、夏、秋、冬の中でどの季節が好きですか？その季節はどうですか？その季節には普通どこに行きますか？そこで何をしますか？皆さんが好きな季節とその季節に行く場所、することについて書きなさい。

　　저는 여름을 가장 좋아합니다. 왜냐하면 여름에는 여름방학이 있기 때문입니다. 겨울에도 방학은 있지만, 겨울은 ①추운데 별로 좋아하지 않습니다. 여름은 덥지만, 저는 더운 여름에 시원한 음식을 먹는 것을 좋아합니다. 그리고 저는 여름방학에 ②친구들와 바다에 자주 갑니다. 저는 바다를 좋아하는데 특히 여름 바다를 좋아합니다. 바다에서 우리는 ☆수영을 하고 맛있는 빙수도 먹습니다. 바닷가에서 먹는 빙수는 정말 시원하고 맛있습니다. 올해 여름에도 ③바다에 가고 빙수를 먹을 것입니다.

POINT

分かち書き

☆ 수영을하고（×）　→　수영을 ∨ 하고（○）　　泳いで

　目的語（수영을）と動詞（하다）の間は分かち書きをします。
　　ex）공부를 합니다．勉強をします。　　　밥을 먹어요．ご飯を食べます。

語彙・文法

①　추운데（×）　→　추워서 / 추우니까（○）　　寒いので

　ここでは文脈上、「寒いので」という理由を表すので、理由の「-아/어서」または「-(으)니까」を使います。「-(으)ㄴ데」も理由を表す時がありますが、それは命令形「-(으)세요」や勧誘形「-(으)ㄹ까요?，-(으)ㄹ래요?，-(으)ㅂ시다」などと一緒に使われる場合に限ります。一般的に「-(으)ㄴ데（〜だが、〜けれど、〜のに）」は話者が話そうとする内容を補う背景や状況を説明する前置きや対照的な内容を表す逆接を意味します。そこで、「전화를 했는데 안 받았어요（電話をしたのですが、出ませんでした：前置き）」「아침에는 추웠는데 오후에는 따뜻해졌어요（朝は寒かったけれど、午後には暖かくなりました：逆接）」は理由を表す「-아/어서，-(으)니까」に入れ替えることができません。一方、「좀 더운데(더우니까) 창문을 열어 주세요（少し暑いので、窓を開けてください），좀 추운데(추우니까) 커피나 마실까요?（少し寒いので、コーヒーでも飲みましょうか？）」のように理由を表す場合は、「-(으)니까」と入れ替えることができます。この場合「-아/어서」と入れ替えることはできません（p.283参照）。

②　친구들와（×）　→　친구들과（○）　　友人達と

　助詞「と」は「과/와」ですが、直前の名詞にパッチムがなければ「와」、パッチムがあれば「과」です。またパッチムに関係なく使える助詞「하고（と）」もあります。
　　ex）개와 고양이＝개하고 고양이　犬と猫　　물과 술＝물하고 술　水と酒

③　바다에 가고（×）　→　바다에 가서（○）　　海に行って

　「-고」は単純な羅列を表しますが、「-아/어서」は前の部分が後ろの前提になり、動作の時間的な順序を表すので、前後の内容のつながりは強いです。ここでは「海に行って（そこで）かき氷を食べるつもりです」という内容なので、前後の内容をつなげる「-아/어서」を使います（p.121、265、283参照）。

STEP 3. 作文・読解編　12. 好きな季節　263

作文例を見てみましょう (2)

例2.　여러분은 봄, 여름, 가을, 겨울 중 어느 계절을 좋아합니까? 그 계절은 어떻습니까? 그 계절에는 보통 어디에 갑니까? 거기에서 무엇을 합니까? 여러분이 좋아하는 계절과 그 계절에 가는 곳, 하는 것에 대해 쓰십시오.
　　　　みなさんは、春、夏、秋、冬の中でどの季節が好きですか？その季節はどうですか？その季節には普通どこに行きますか？そこで何をしますか？皆さんが好きな季節とその季節に行く場所、することについて書きなさい。

　　저는　계절　중에서　　봄을　제
일　좋아해요. 왜냐하면　　봄은
제가　좋아하는　　벚꽃이　피는
계절이기　때문이에요. 봄에는
친구들하고　　같이　공원에　가서
벚꽃　구경을　해요. 또　날씨도
*따뜻하고*① 저는　　봄을　좋아해요.
그런데　저는　단풍이　아름다운
가을도　좋아해요. 가을에는　단
풍을　보러　등산을　자주　가요.
*경치도　아름다워서*② 날씨도　시
원해서　기분이　좋아요. 그렇지
만　한가지　싫은　점이　있어요.
제　생일이　가을이라서　가을에
는　나이가　한　살　들어요. 어
렸을　때는　기뻤지만, 지금은
별로 ☆*기쁘지않아요*. ③*그런데* 지
금　제가　가장　좋아하는　계절
은　봄이에요.

264

POINT

分かち書き

☆ 기쁘지않아요（×）　→　기쁘지 ˅ 않아요（○）　　嬉しくありません

　動詞や形容詞の否定表現「-지 않다（～しない、～くない）」は「지」と「않다」の間を空けて書きます。
　　　ex）오늘은 춥지 않아요.　今日は寒くありません。
　　　　　어제는 가지 않았습니다.　昨日は行きませんでした。

語彙・文法

① 따뜻하고（×）　→　따뜻해서（○）　　暖かくて

　「날씨도 따뜻해서（天気も暖かくて）」は「春が好きな理由」を述べている内容なので、単純な羅列の「-고」ではなく理由の「-아/어서」を使います（p.121、263、283参照）。
　　　ex）여름은 더워서 싫어요.　夏は暑くて嫌いです。（理由）
　　　　　여름은 덥고 겨울은 춥습니다.　夏は暑くて、冬は寒いです。（羅列）

② 경치도 아름다워서（×）　→　경치도 아름답고（○）　　景色も美しく

　「경치도 아름다워서（景色も美しくて）」の「-아/어서」は理由を表します（p.121、263、283参照）。ここでは文脈上、「景色も美しくて、（そして）天気も涼しい」という単純な羅列を表しているので、「-고」を使います。
　　　ex）바람이 불고 비도 와요.　風が吹いて、雨も降ります。（羅列）
　　　　　겨울은 추워서 싫어요.　夏は暑くて嫌いです。（理由）

③ 그런데（×）　→　그래서（○）　　それで

　「그런데」は別の話題を持ち出す接続詞「ところで、ところが」、「그래서」は理由を表す接続詞「それで、だから」ですが、ここでは春が好きな理由を述べているので、理由の「그래서」を使うのがいいでしょう。他にもよく使われる接続詞には「그리고（そして）, 그렇지만（けれども）, 그러나（しかし）, 왜냐하면（なぜならば）」などがあります。

間違いを探しましょう

次の文章の間違いを探し、適切な表現に直しなさい。

(1) 평일에는 일이 바쁜데 시간이 없으니까 청소는 보통 주말에 합니다.

(2) 저는 지금 남동생와 같이 살아요.

(3) 전에는 밖에서 저녁을 먹어서 집에 갔는데, 요즘에는 집에 가서 먹어요.

(4) 오늘은 친구하고 도서관에 가고 같이 공부할 거예요.

(5) 주말에는 친구도 만나고 쇼핑도 해서 지내요.

(6) 가을은 음식이 맛있어서 날씨도 시원해서 좋아해요.

(7) 미안해요. 주말에 저는 친구하고 약속이 있어요. 그런데 이번에는 못 갈 것 같아요.

(8) 오전에는 병원에 가야 해요. 그리고 오전에는 시간이 없어요.

解答

(1) 바쁜데 → 바빠서　平日は仕事が忙しくて時間がないので、掃除は普通週末にします。
[Hint] ここでは文脈上、「寒いので」という理由を表すので、理由の「-아/어서」を使います。

(2) 남동생와 → 남동생과(남동생하고)　私は今、弟と一緒に住んでいます。
[Hint] 助詞「と」は「과/와」ですが、直前の名詞にパッチムがなければ「와」、パッチムがあれば「과」です。またパッチムに関係なく使える助詞「하고（と）」もあります。

(3) 먹어서 → 먹고　前は外で夕食を食べてから家に帰りましたが、最近は家に帰って食べます。
[Hint] 単純な羅列や時間的な順序を表す時は「-고」を使います。

(4) 가고 → 가서　今日は友達と図書館に行って、一緒に勉強するつもりです。
[Hint] ここでは「図書館に行って（そこで）一緒に勉強するつもりです」という内容なので、前後の内容をつなげる「-아/어서」を使います。

(5) 해서 → 하고　週末は友達にも会って、ショッピングもして過ごします。
[Hint] ここでは文脈上、単純な羅列を表すので、「-고」を使います。
＊「友達にも会う」は「친구도 만나다（○）」といいます。「친구를도 만나다（×）」とは言わないので、注意しましょう。

(6) 맛있어서 → 맛있고　秋は食べ物が美味しくて、天気も涼しいので好きです。
[Hint] ここでは文脈上、単純な羅列を表すので、「-고」を使います。

(7) 그런데 → 그래서　ごめんなさい。週末に私は友達と約束があります。それで、今回は行けそうにありません。
[Hint] 「그런데」は別の話題を持ち出す接続詞「ところで、ところが」、「그래서」は理由を表す接続詞「それで、だから」です。

(8) 그리고 → 그래서　午前には病院に行かなければなりません。それで、午前中は時間がありません。
[Hint] 「그리고」は「そして」、「그래서」は理由を表す接続詞「それで、だから」です。

作文を読んでみましょう (1)

次の文章を読んで、質問に答えなさい。

> 　제 고향은 홋카이도라서 겨울에 눈이 많이 옵니다. 어렸을 때는 눈이 오면 친구들하고 같이 눈사람을 만들면서 놀았습니다. 겨울은 ㉠[　　　]가/이 춥지만, 스노보드를 탈 수 있고 눈이 내린 거리도 아름답습니다. ㉡[　　　] 저는 계절 중에서 겨울을 가장 좋아합니다. 저는 지금 동경에 살고 있는데 겨울이 되면 언제나 삿포로의 눈축제를 보러 갑니다. 이때는 ㉢[　　　](으)로 만든 건물이나 사람, 동물 등 많은 작품을 볼 수 있습니다. 아름다운 작품들을 친구들에게도 보여 주고 싶어서 찍은 사진을 친구들에게 보내기도 합니다. 올겨울에도 눈축제를 보러 갈 겁니다.

(1) 本文を読み、次の①～③が本文の内容と同じ時は○、異なる時には×をつけなさい。
　①저는 계절 중에서 겨울이 가장 좋습니다. (　　)
　②동경에는 겨울이 되면 눈이 많이 옵니다. (　　)
　③홋카이도에서는 겨울에 눈사람을 보러 갑니다. (　　)

(2) ㉠に最も適切な語彙を入れなさい。
　㉠ ＿＿＿＿＿

(3) ㉡に最も適切な接続詞を入れなさい。
　㉡ ＿＿＿＿＿

(4) ㉢に入る最も適切なものを本文の中から探しなさい。

(5) 次の質問に韓国語で答えなさい。
　①이 사람은 홋카이도에서 살 때 겨울에 친구들하고 무엇을 했습니까?
　(　　　　　　　　　　　　　　　　　　　　　　　)
　②이 사람은 매년 겨울에 어디에, 왜 갑니까?
　(　　　　　　　　　　　　　　　　　　　　　　　)

解答

　　私の故郷は北海道なので、冬に雪がたくさん降ります。子供の時は雪が降ると友達と一緒に雪だるまを作りながら遊びました。冬は㋐[　　　　]が寒いけれど、スノーボードができて、雪が降った街も美しいです。㋑[　　　　]、私は季節の中で冬が一番好きです。私は今東京に住んでいるのですが、冬になるといつも札幌の雪まつりを見に行きます、この時は㋒[　　　　]で作った建物や人、動物などたくさんの作品を見ることができます。美しい作品を友人達にも見せたくて、撮った写真を友人達に送ったりもします。今年の冬も雪まつりを見に行くつもりです。

(1)
　①私は季節の中で冬が一番好きです。（○）
　②東京には冬になると雪がたくさん降ります。（×）
　③北海道では冬に雪だるまを見に行きます。（×）

(2)　㋐ <u>날씨</u>　天気

(3)　㋑ <u>그래서</u>　それで

(4)　㋒ <u>눈</u>　雪

(5)
　①この人は北海道に住んでいた時、冬に友達と何をしましたか？
　　눈사람을 만들면서 놀았습니다.　雪だるまを作りながら遊びました。

　②この人は毎年冬に、どこに、なぜ行きますか？
　　삿포로에 눈축제를 보러 갑니다.　札幌に雪まつりを見に行きます。

STEP 3. 作文・読解編　12. 好きな季節　**269**

作文を読んでみましょう (2)

次の文章を読んで、質問に答えなさい。

> 제가 좋아하는 ㉠ [____]는/은 가을이에요. 저는 여름은 더워서 싫고 겨울은 추워서 싫어요. 봄은 따뜻해서 좋지만, 가을은 날씨도 시원하고 포도, 배 등 맛있는 ㉡ [____]를/을 많이 먹을 수 있어요. 또 가을은 ㉢ [____] 하늘이 아름답고 공기도 맑아요. 혼자서 자전거를 타면서 아름다운 단풍을 구경하는 것도 좋아해요. 가을의 경치를 보면 정말 기분이 좋아져요. 그래서 저는 가을을 가장 좋아해요. 언제나 가을이면 좋겠어요.

(1) 本文を読み、次の①〜③が本文の内容と同じ時は○、異なる時には×をつけなさい。
  ①저는 더운 여름을 좋아하지 않습니다. (   )
  ②봄은 따뜻해서 싫어합니다. (   )
  ③가을은 경치가 좋고 하늘도 아름답습니다. (   )

(2) ㉠に最も適切な語彙を入れなさい。
  ㉠ _____

(3) ㉡に入る最も適切なものを次の①〜④から選びなさい。
  ①채소 ②떡 ③과일 ④과자

(4) ㉢に入る最も適切なものを次の①〜④から選びなさい。
  ①노란 ②파란 ③하얀 ④빨간

(5) 次の質問に韓国語で答えなさい。
  ①이 사람은 왜 겨울을 싫어합니까?
  (   )
  ②이 사람은 왜 "언제나 가을이면 좋겠어요"라고 생각합니까?
  (   )

解答

> 私が好きな㋐ ☐ は秋です。私は、夏は暑くて嫌で、冬は寒いから嫌いです。春は暖かいので、いいけれど、秋は天気も涼しくて、ブドウ、梨など美味しい㋑ ☐ をたくさん食べることができます。また、秋は㋒ ☐ 空が美しくて空気も澄んでいます。１人で自転車に乗って、美しい紅葉を見物するのも好きです。秋の景色を見ると、本当に気分がよくなります。それで、私は秋が一番好きです。いつも秋だったらいいなと思います。

(1)
　①私は暑い夏が好きではありません。（○）
　②春は暖かいので嫌いです。（×）
　③秋は景色がよくて、空も美しいです。（○）

(2)　㋐ 계절　季節

(3)　③과일
　①채소　野菜　　②떡　餅　　③과일　果物　　④과자　お菓子

(4)　②파란
　①노란　黄色い　　②파란　青い　　③하얀　白い　　④빨간　赤い

(5)
　①この人はなぜ冬が嫌いですか？
　　겨울은 추워서 싫어합니다. 冬は寒いから嫌いです。／왜냐하면 겨울은 춥기 때문입니다.
　　なぜならば冬は寒いからです。

　②この人はなぜ"いつも秋だったらいいな"と思いますか？
　　가을을 가장 좋아하기 때문입니다. 秋が一番好きだからです。

作文の前にウォーミングアップ

1. 次の単語や語句を並び替えて、文章を完成させなさい。

(1) 저 을 제일 는 겨울 좋아해요

　→ _____

(2) 아름다워요 이 은 가을 단풍

　→ _____

(3) 바다 낚시 여름 갑니다 에는 로 를 하러

　→ _____

(4) 겨울 로 올해 거예요 나라 갈 에는 남쪽 여행을 따뜻한

　→ _____

2. 次の質問に韓国語で答えなさい。

(1) 좋아하는 계절은 언제입니까?

(2) 그 계절은 어떻습니까?

(3) 그 계절에 보통 무엇을 합니까?

(4) 올해는 그 계절에 무엇을 할 것입니까? 또는 무엇을 했습니까?

解答

1.
(1) 저는 겨울을 제일 좋아해요.　私は冬が一番好きです。
(2) 가을은 단풍이 아름다워요.　秋は紅葉が美しいです。
(3) 여름에는 바다로 낚시를 하러 갑니다.　夏には海へ釣りをしに行きます。
(4) 올해 겨울에는 따뜻한 남쪽 나라로 여행을 갈 거예요.　今年の冬には暖かい南の国へ旅行に行くつもりです。

2.
(1) 好きな季節はいつですか？
[Hint]「저는 -를/을 제일 좋아합니다(-이/가 제일 좋습니다)（私は～が一番好きです）, 제가 가장 좋아하는 계절은 -입니다（私が一番好きな季節は～です）」などを使うことができます。

(2) その季節はどうですか？

(3) その季節に普通、何をしますか？

(4) 今年はその季節に何をするつもりですか？または何をしましたか？

語彙力をアップしましょう

基本語彙と表現

봄 春	여름 夏
가을 秋	겨울 冬
가장＝제일 一番	계절 중에서 季節の中で
따뜻하다 暖かい	덥다 暑い
시원하다 涼しい	춥다 寒い
과일이 맛있다 果物が美味しい	바다에 가다 海に行く
벚꽃이 예쁘다 桜がきれいだ	단풍이 아름답다 紅葉が美しい
바람이 시원하다 風が涼しい	스키를 타다 スキーをする

使える語彙と表現

방학 学校の休み	휴가 休暇	사계절 四季
장마 梅雨		장마철 梅雨期
파란 하늘 青い空		꽃이 피다 花が咲く
눈이 많이 오다 雪がたくさん降る		눈사람을 만들다 雪だるまを作る
바람이 불다 風が吹く		감기에 걸리다 風邪を引く
겨울에 태어나다 冬に生まれる		

作文を書いてみましょう

※다음을 읽고 150~300자로 글을 쓰십시오(띄어쓰기 포함).
　次の問題を読んで、150～300字以内（分かち書きを含む）で文章を書きなさい。

　여러분은 봄, 여름, 가을, 겨울 중 어느 계절을 좋아합니까? 그 계절은 어떻습니까? 그 계절에는 보통 어디에 갑니까? 거기에서 무엇을 합니까? 여러분이 좋아하는 계절과 그 계절에 가는 곳, 하는 것에 대해 쓰십시오.

(1) マインドマップを描きましょう

　まず、好きな季節について書きたいことを思い出しながら、マインドマップを作成しましょう。書いた部分についてもさらに思い出したことがあれば書き足してもいいです。文章ではなく単語や語句で書きましょう。必ず次のポイントが入るように書き、書き終わったら、それぞれのポイントに番号を付けておきましょう。制限時間は15～20分です。

　作文ポイント：①好きな季節　②好きな理由　③その季節によく行く場所　④その季節にすること

好きな季節

(2) 作文を書いてみましょう

　　左のページのマインドマップをもとに作文を書いてみましょう。①から④の順番は変えてもいいですが、順番通りに書いていけばうまく書けます。制限時間は35～40分です。

私だけのメモ帳

次の単語から連想されるものを書いてみましょう。

(1) 春と夏

(2) 秋と冬

私だけのチェックリストを作ってみましょう。

(1) _____

(2) _____

13. 週末の過ごし方

- 280 作文例を見てみましょう（1）
    Point
- 282 作文例を見てみましょう（2）
    Point
- 284 間違いを探しましょう…解答
- 286 作文を読んでみましょう（1）…解答
- 288 作文を読んでみましょう（2）…解答
- 290 作文の前にウォーミングアップ…解答
- 293 語彙力をアップしましょう
    基本語彙と表現
    使える語彙と表現
- 294 作文を書いてみましょう
    （1）マインドマップを描きましょう
    （2）作文を書いてみましょう
- 296 私だけのメモ帳

作文例を見てみましょう（1）

例1. 여러분은 토요일, 일요일에 보통 무엇을 합니까? 어디에 갑니까? 누구를 만납니까? 여러분의 주말 이야기를 쓰십시오.

みなさんは土曜日、日曜日に普段、何をしますか？どこに行きますか？誰に会いますか？みなさんの週末の過ごし方について書きなさい。

　　저는　보통　주말　아침에는
☆남편과함께　산책을　나갑니다.
집　근처　강가를　30분쯤　걸어
가면　백화점이　있는　큰　역이
나옵니다.　그리고　언제나 ①역의
앞에　있는　예쁜　카페에서　아
침을　간단히　먹습니다.　그곳은
평일에는　회사원들이　많이　있
지만, 주말에는　우리처럼 ②많이
가족들이　옵니다. 우리는 ③특별
하는　이야기를　하는　것도　아
니고, 맛있는　음식을　먹는　것
도　아닙니다. 하지만, 남편과
지내는　이런　보통의　시간이
아주　행복합니다. 앞으로도　매
주　주말에는　남편하고　같이
산책을　할　것입니다.

POINT

分かち書き

☆ 남편과함께（×）→ 남편과 ˇ 함께（○）　夫と一緒に

「〜と一緒に」は「-과/와 함께（같이）」または「-하고 함께（같이）」ですが、韓国語では助詞の後は必ず分かち書きをします。
　　ex）친구와 함께　友達と一緒に　　　아내하고 같이　妻と一緒に

語彙・文法

① 역의 앞（×）→ 역 앞（○）　駅の前

「앞（前），뒤（後），위（上），아래/밑（下）」のように位置関係を表す場合、助詞「의（の）」は省略するのが普通です（p.139、209参照）。
　　ex）책상 위　机の上　　　의자 아래　椅子の下

② 많이 가족들이（×）→ 가족들이 많이（○）　家族がたくさん

副詞「많이（たくさん、とても）」は必ず述語の直前に位置します。そこで、「가족들이 많이 옵니다」のように「많이」は動詞「옵니다（来ます）」の直前に来ます。一方、「많다（多い）」の連体形「많은（たくさんの）」は名詞を修飾するので、「많은 가족들이 옵니다（たくさんの家族が来ます）」のように名詞の前に来ます。
　　ex）신주쿠에 백화점이 많이 있어요.（○）　新宿にデパートがたくさんあります。
　　　　신주쿠에 많이 백화점이 있어요.（×）　新宿にたくさんデパートがあります。
　　　　신주쿠에 많은 백화점이 있어요.（○）　新宿にたくさんのデパートがあります。

③ 특별하는（×）→ 특별한（○）　特別な

「특별하다（特別だ），유명하다（有名だ），따뜻하다（暖かい）」などの「-하다」は動詞を作る接尾辞「-하다（する）」ではなく、形容詞を作る接尾辞です。そこで、「특별하다（特別だ），유명하다（有名だ），따뜻하다（暖かい）」の現在連体形は「특별한（特別な），유명한（有名な），따뜻한（暖かい）」になります（p.155参照）。
　　ex）시원하다　涼しい　→　시원한 날씨　涼しい天気
　　　　간단하다　簡単だ　→　간단한 운동　簡単な運動

作文例を見てみましょう (2)

例2.　여러분은 토요일, 일요일에 보통 무엇을 합니까? 어디에 갑니까? 누구를 만납니까? 여러분의 주말 이야기를 쓰십시오.

みなさんは土曜日、日曜日に普段、何をしますか？どこに行きますか？誰に会いますか？みなさんの週末の過ごし方について書きなさい。

　　저는 평일에는 보통 6시에 일어나지만, 주말에는 회사에 안 ①가는데 평일보다 좀 늦게 일어나요. 그리고 늦은 아침을 먹고 오전에는 시민체육관에 가고 ②운동을 해요. 저는 운동하는 것을 별로 좋아하지 않는데 ③건강의 때문에 ☆두 달 전부터 운동을 시작했어요. 처음에는 힘들었지만, 운동을 하면 몸도 가벼워지는 것 같고 운동 후에는 밥도 맛있어요. 지금은 주로 주말에만 운동을 하는데 앞으로는 평일에도 운동을 하려고 해요.

POINT

分かち書き

☆ 두달（×）→ 두 ˅ 달（○）　ふた月

数詞と単位を表す名詞の間は分かち書きをします。
　　ex) 한 달　ひと月　　두 개　2個　　세 시　3時　　네 명　4人
ただし、月の順序を表す場合（일월（1月），이월（2月）…）はくっつけて書きます。

語彙・文法

① 가는데（×）→ 가니까 / 가서（○）　行かないので

「-는데, -(으)ㄴ데, -(이)ㄴ데（～だが、～けれども、～のに）」は一般的に背景や状況を説明する時に使うので、明らかな理由を表す場合は普通「-(으)니까, -아/어서」を使います。また、「-는데, -(으)ㄴ, -(이)ㄴ데」が勧誘形「-(으)ㄹ까요（～しましょうか），-(으)ㅂ시다（～しましょう）」、命令形「-(으)세요（～してください）」などと一緒に使われる時は理由の意味を表します。この場合「-(으)니까」と入れ替えることはできますが、「-아/어서」と入れ替えることはできません（p.263参照）。

　　ex) [더우니까（○）/ 더워서（○）/ 더운데（×）] 문을 열었어요.
　　　　　暑いので、窓を開けました。
　　　　[추우니까（○）/ 추워서（×）/ 추운데（○）] 빨리 갑시다.
　　　　　寒いので、早く行きましょう。

② 가고（×）→ 가서（○）　行って

「-고」は「주말에는 운동을 하고, 쇼핑을 하고, 영화를 봐요（週末は運動をして、ショッピングをして、映画を見ます）」「오전에는 체육관에 가고, 오후에는 친구를 만납니다（午前は体育館に行って、午後には友達に会います）」のように単純な羅列を表します。一方、「-아/어서」は前の部分が後ろの前提になり、動作の時間的な順序を表しますが、「-고」と違って前後の内容のつながりが強いです。たとえば、「-아/어서」は「체육관에 가서 운동을 합니다（体育館に行って（そこで）運動します），친구를 만나서 영화를 봅니다（友達に会って、（一緒に）映画を見ます）」など。もし「친구를 만나고 영화를 봅니다」と言うと、「友達に会って、（その後1人で）映画を見ます」という意味になります（p.121、263、265参照）。

③ 건강의 때문에（×）→ 건강을 위해서（○）　健康のために

「～のために」は、目的の場合は「-를/을 위해서」、理由の場合は「때문에」を使います。ちなみに、ここでは理由の「건강 때문에」を使っても文脈的には大丈夫です（p.227参照）。

　　ex) 친구를 위해서　友達のために（目的）　　친구 때문에　友達のために（理由）

STEP 3. 作文・読解編　13. 週末の過ごし方　283

間違いを探しましょう

次の文章の間違いを探し、適切な表現に直しなさい。

(1) 우리 집의 뒤에 작은 공원이 하나 있습니다.

(2) 여기는 많이 극장이 있어서 언제나 보고 싶은 영화를 볼 수 있어요.

(3) 한가하는 날에는 집에서 영화를 보면서 지냅니다.

(4) 오늘은 수업이 없는데 학교에 안 가도 됩니다.

(5) 언제나 도서관에 가고 공부합니다.

(6) 주말에는 청소를 해서 요리도 합니다.

(7) 아침에 일어나고 제일 먼저 물을 한 컵 마십니다.

(8) 항상 다른 사람 때문에 할 수 있는 것을 생각해 봅시다.

(9) 눈을 위해서 등산을 못 갔습니다.

解答

(1) 집의 뒤에 → 집 뒤에　うちの家の後ろに小さい公園が1つあります。
[Hint]「앞（前）, 뒤（後）, 위（上）, 아래/밑（下）」のように位置関係を表す場合、助詞「의（の）」は省略します。

(2) 많이 극장이 있어서 → 극장이 많이 있어서　ここは映画館がたくさんあるので、いつも見たい映画を見ることができます。
[Hint] 副詞「많이（たくさん、とても）」は必ず述語の直前に来ます。

(3) 한가하는 → 한가한　暇な日は家で映画を見ながら過ごします。
[Hint]「한가하다（暇だ）」の「-하다」は動詞を作る接尾辞「-하다（する）」ではなく、形容詞を作る接尾辞です。

(4) 없는데 → 없어서(없으니까)　今日は授業がないので、学校に行かなくてもいいです。
[Hint]「-는데, -(으)ㄴ데, -(이)ㄴ데（〜だが、〜けれども、〜のに）」は一般的に背景や状況を説明する時に使うので、理由を表す時は「-(으)니까」または「-아/어서」を使います。

(5) 가고 → 가서　いつも図書館に行って、(そこで) 勉強します。
[Hint]「-아/어서」は前の部分が後ろの前提になり、動作の時間的な順序を表しますが、「-고」と違って前後の内容のつながりが強いです。

(6) 해서 → 하고　週末は掃除をして、料理もします。
[Hint]「-고」は単純な羅列を表します。

(7) 일어나고 → 일어나서　朝起きて、(その時) 一番最初に水を1杯飲みます。
[Hint]「-아/어서」は前の部分が後ろの前提になり、動作の時間的な順序を表しますが、「-고」と違って前後の内容のつながりが強いです。

(8) 다른 사람 때문에 → 다른 사람을 위해서　常に他人のためにできることを考えてみましょう。
[Hint]「〜のために」は、目的の場合は「-를/을 위해서」、理由の場合は「때문에」を使います。

(9) 눈을 위해서 → 눈 때문에　雪のせいで登山に行けませんでした。
[Hint]「〜のために」は、目的の場合は「-를/을 위해서」、理由の場合は「때문에」を使います。

作文を読んでみましょう (1)

次の文章を読んで、質問に答えなさい。

> 저는 ㉠ ☐ (이)라서 매일 요리, 청소, 빨래를 합니다. ㉡평일도 주말도 같은 일을 합니다. 저는 집안일을 좋아하지만, 매일 매일 같은 생활은 정말 재미가 없습니다. 그래서 평일에는 영화나 연극을 보러 가거나 골프 연습을 하러 갑니다. 가끔 ㉢남편하고 주말에 여행을 가기도 합니다. 한국에는 5년 전에 처음 가 봤는데 사람들도 친절하고 음식도 맛있고 구경할 것도 많고 아주 즐거웠습니다. 주말마다 한국 여행을 갈 수 있으면 정말 좋을 것 같습니다.

(1) 本文を読み、次の①~③が本文の内容と同じ時は○、異なる時には×をつけなさい。
　①저는 매주 집안일을 합니다. (　　)
　②주말에는 남편하고 여행을 갈 때도 있습니다. (　　)
　③오 년 전에 간 한국 여행은 즐거웠습니다. (　　)

(2) ㉠に入る最も適切なものを次の①~④から選びなさい。
　①사장　　②직원　　③주부　　④간호사

(3) ㉡が意味するものを具体的に書きなさい。

(4) ㉢と反対の意味のものを次の①~④から選びなさい。
　①친척　　②아내　　③아들　　④손녀

(5) 次の質問に韓国語で答えなさい。
　①이 사람이 매일 하는 일은 무엇입니까?
　(　　　　　　　　　　　　　　　　　　　　　　　　　　　　　)
　②이 사람이 집안일을 재미없게 느끼는 이유는 무엇입니까?
　(　　　　　　　　　　　　　　　　　　　　　　　　　　　　　)

解答

> 　　私は㋠_____なので、毎日料理、掃除、洗濯をします。㋑平日も週末も同じ事をしています。私は家事が好きですが、毎日毎日同じ生活は本当に面白くありません。それで、平日には映画や演劇を見に行ったり、ゴルフの練習をしに行きます。時々㋒夫と週末に旅行に行ったりもします。韓国には5年前に初めて行ったのですが、人々も親切で、料理も美味しくて、見所も多くてとても楽しかったです。週末ごとに韓国旅行に行けたら本当にいいと思います。

(1)
　①私は毎週、家事をします。（×）
　②週末には夫と旅行に行く時もあります。（○）
　③5年前に行った韓国旅行は楽しかったです。（○）

(2)　③주부
　①사장　社長　　②직원　職員、社員　　③주부　主婦　　④간호사　看護師

(3)　월요일, 화요일, 수요일, 목요일, 금요일　月曜日、火曜日、水曜日、木曜日、金曜日

(4)　②아내
　①친척　親戚　　②아내　妻　　③아들　息子　　④손녀　孫娘

(5)
　①この人が毎日していることは何ですか？
　　집안일(요리, 청소, 빨래)입니다.　家事（料理、掃除、洗濯）です。／집안일을 매일 합니다.
　　家事を毎日します。

　②この人が家事をつまらなく感じる理由は何ですか？
　　매일 매일 같은 생활이기 때문입니다.　毎日毎日同じ生活だからです。

作文を読んでみましょう (2)

次の文章を読んで、質問に答えなさい。

> 저는 ㉠[　　] 주말에 한국어 숙제를 해요. 우리 선생님은 언제나 웃으면서 숙제를 많이 내 주세요. 다음 주에 시험이 있어도 숙제가 많으니까 토요일도 일요일도 공부를 해야 해요. 하지만, 계속해서 여러 번 쓰는 연습을 하기 때문에 조금씩 한국어를 잘 쓸 수 있게 되었어요. 숙제는 필요한 것 같아요. 주말에는 한국어 숙제만 하는 것은 아니에요. 친구를 만나거나 청소를 하거나 해요. 그런데 친구를 만나면 영화를 보거나 쇼핑을 하러 가기 때문에 숙제할 ㉡[　　]가/이 없어져요. 그래서 주말은 친구를 만나도 안 만나도 언제나 한국어 숙제로 ㉢[　　].

(1) 本文を読み、次の①~③が本文の内容と同じ時は○、異なる時には×をつけなさい。
　①우리 한국어 선생님은 잘 웃습니다. (　　)
　②주말에는 한국어 숙제만 합니다. (　　)
　③주말에는 친구를 만나기 때문에 숙제를 할 수 없습니다. (　　)

(2) ㉠に入る最も適切なものを次の①~④から選びなさい。
　①날마다　　②보통　　③곧　　④서로

(3) ㉡に入る最も適切なものを次の①~④から選びなさい。
　①날짜　　②예정　　③시간　　④나이

(4) ㉢に入る最も適切なものを次の①~④から選びなさい。
　①짧아요　　②어두워요　　③좁아요　　④바빠요

(5) 次の質問に韓国語で答えなさい。
　①이 사람은 주말에 무엇을 합니까? 이 사람이 주말에 하는 것을 모두 쓰십시오.
　(　　　　　　　　　　　　　　　　　　　　　　　　　　　　)
　②이 사람은 어떻게 해서 한국어를 잘 쓰게 되었습니까?
　(　　　　　　　　　　　　　　　　　　　　　　　　　　　　)

解答

私は㉠___、週末に韓国語の宿題をします。私達の先生はいつも笑って宿題をたくさん出してくださいます。次の週に試験があっても宿題が多いので、土曜日も日曜日も勉強をしなければなりません。けれども、続けて何度も書く練習をするので、少しずつ韓国語が上手に書けるようになりました。宿題は必要だと思います。週末には韓国語の宿題ばかりしているわけではありません。友達に会ったり、掃除をしたりします。ところで、友達に会うと、映画を見たり、ショッピングに行ったりするので、宿題をする㉡___がなくなります。それで、週末は友達に会っても会わなくてもいつも韓国語の宿題で㉢___。

(1)
 ①私達の韓国語の先生はよく笑います。(×)
 ②週末には韓国語の宿題ばかりしています。(×)
 ③週末には友達に会うので、宿題ができません。(×)

(2) ②보통
 ①날마다 毎日 ②보통 普通、通常 ③곧 すぐ ④서로 お互いに

(3) ③시간
 ①날짜 日付 ②예정 予定 ③시간 時間 ④나이 年齢

(4) ④바빠요
 ①짧아요 短いです   ②어두워요 暗いです
 ③좁아요 狭いです   ④바빠요 忙しいです

(5)
 ①この人は週末に何をしますか？この人が週末にすることをすべて書きなさい。
  한국어 숙제를 하거나 친구를 만나거나 청소를 하거나 합니다. 韓国語の宿題をしたり、友達に会ったり、掃除をしたりします。

 ②この人はどのようにして韓国語が上手に書けるようになりましたか？
  계속해서 여러 번 쓰는 연습을 해서 잘 쓰게 되었습니다. 続けて何度も書く練習をして上手く書けるようになりました。／계속해서 여러 번 쓰는 연습을 했기 때문입니다. 続けて何度も書く練習をしたからです。

作文の前にウォーミングアップ

1. 次の単語や語句を並び替えて、文章を完成させなさい。

(1) 합니다 책 산책 에서 공원 을 읽거나 을

→

(2) 빌렸어요 을 지난주 에서 는 책 도서관 에

→

(3) 겁니다 이번 을 주말 갈 에 는 등산

→

(4) 싶어요 하지 아무것 에서 푹 도 집 않고 쉬고

→

2. 次の質問に韓国語で答えなさい。

(1) 주말에 보통 무엇을 합니까?

(2) 지난 주말에 무엇을 했습니까?

(3) 이번 주말에 무엇을 할 것입니까?

(4) 가장 이상적인 주말은 어떤 주말입니까?

解答

1.
(1) 공원에서 책을 읽거나 산책을 합니다.　公園で本を読んだり散歩をします。
(2) 지난주에는 도서관에서 책을 빌렸어요.　先週は図書館で本を借りました。
(3) 이번 주말에는 등산을 갈 겁니다.　今週末は登山に行くつもりです。
(4) 아무것도 하지 않고 집에서 푹 쉬고 싶어요.　何もしないで家でゆっくり休みたいです。

2.
(1) 週末に普通、何をしますか？

(2) 先週末に何をしましたか？

(3) 今週末に何をするつもりですか？

(4) 一番理想的な週末はどんな週末ですか？
[Hint]「제가 생각하는 이상적인 주말은 (私が考える理想的な週末は), 저는 주말에는 -를/을 하면서 지내고 싶습니다 (私は週末には～をしながら過ごしたいです)」などを使うことができます。

語彙力をアップしましょう

基本語彙と表現

주말 週末	토요일 土曜日	일요일 日曜日
일주일 一週間	보통 普通、普段	이것저것 あれこれ
친구 友達	가족 家族	축구 サッカー
야구 野球	수영 水泳	쇼핑 ショッピング
한가하다 暇だ	피곤할 때 疲れている時	시간이 있을 때 時間がある時
운동을 하러 가다 運動をしに行く		놀러 가다 遊びに行く

시간적인 여유가 있다/없다 時間的な余裕がある／ない

使える語彙と表現

요즘 最近	매일 毎日	매주 毎週
언제나 いつも	일찍 早く	늦게 遅く
회사 사람들 会社の人達		농구 バスケットボール
헬스클럽 スポーツジム		

힘들 때 大変な時	한가할 때 暇な時
부지런하다 勤勉だ	복잡하다 複雑だ、混んでいる
게임을 하다 ゲームをする	달리다 走る
조깅하다 ジョギングする	태권도를 배우다 テコンドーを習う
여유를 가지다 余裕を持つ	시간을 보내다 時間を過ごす
공연을 보러 가다 公演を見に行く	-거나 ～したり

作文を書いてみましょう

※다음을 읽고 150~300자로 글을 쓰십시오(띄어쓰기 포함).
　次の問題を読んで、150~300字以内（分かち書きを含む）で文章を書きなさい。

　여러분은 토요일, 일요일에 보통 무엇을 합니까? 어디에 갑니까? 누구를 만납니까? 여러분의 주말 이야기를 쓰십시오.

(1) マインドマップを描きましょう

　まず、週末の過ごし方について書きたいことを思い出しながら、マインドマップを作成しましょう。書いた部分についてもさらに思い出したことがあれば書き足してもいいです。文章ではなく単語や語句で書きましょう。必ず次のポイントが入るように書き、書き終わったら、それぞれのポイントに番号を付けておきましょう。制限時間は15~20分です。

作文ポイント：①週末にすること　②どこで　③誰と　④今後どうしたいのか

週末の過ごし方

(2) 作文を書いてみましょう

左のページのマインドマップをもとに作文を書いてみましょう。①から④の順番は変えてもいいですが、順番通りに書いていけばうまく書けます。制限時間は35〜40分です。

私だけのメモ帳

次の単語から連想されるものを書いてみましょう。

(1) 日時・曜日

(2) 天気

私だけのチェックリストを作ってみましょう。

(1) ＿＿＿＿＿＿＿

(2) ＿＿＿＿＿＿＿

14. もらいたいプレゼント

298 作文例を見てみましょう（1）
　　　Point
300 作文例を見てみましょう（2）
　　　Point
302 間違いを探しましょう…解答
304 作文を読んでみましょう（1）…解答
306 作文を読んでみましょう（2）…解答
308 作文の前にウォーミングアップ…解答
311 語彙力をアップしましょう
　　　基本語彙と表現
　　　使える語彙と表現
312 作文を書いてみましょう
　　　（1）マインドマップを描きましょう
　　　（2）作文を書いてみましょう
314 私だけのメモ帳

作文例を見てみましょう（1）

例1.　여러분은 어떤 선물을 받고 싶습니까? 왜 그 선물을 받고 싶습니까? 여러분이 받고 싶은 선물에 대해서 쓰십시오.

みなさんはどんなプレゼントをもらいたいですか？なぜそのプレゼントがもらいたいですか？みなさんがもらいたいプレゼントについて書きなさい。

	제	가		제	일		받	고		싶	은		선	물
은		꽃	입	니	다	.	특	히		장	미	꽃	을
받	고		싶	습	니	다	.	제	가		처	음		본
한	국		드	라	마		겨	울	연	가	에	서		여
자		주	인	공		☆유	진	씨	가		제	일		좋
아	하	는		꽃	이		장	미	라	고		했	는	데
저	도		장	미	꽃	을		제	일		좋	아	합	니
다	.	거	실	이	나		식	탁		위	에		장	미
꽃	을		놓	으	면		기	분	이		좋	아	지	고
행	복	해	집	니	다	.	하	지	만	,	요	즘	은
꽃	값	이		비	싸	기		때	문	에		자	주
사	지	는		못	합	니	다	.	그	래	서		꽃	을
선	물		받	으	면		기	쁩	니	다	.	저	도
겨	울	연	가	에	①	준	상		씨		같	은	②	멋
있	는		남	자	에		장	미	꽃	을	③	선	물
받	았	으	면		좋	습	니	다	.

POINT

分かち書き

☆ 유진씨가（×）→ 유진 ∨ 씨가（○）　ユジンさんが

「씨（さん）」は名前と空けて書きます。肩書きの場合も「김 선생님（金先生），박 사장님（朴社長），최정원 과장님（チェ・ジョンウォン課長）」のように苗字や名前と空けて書きます。また、韓国人の名前は一般的に苗字が1文字なので、「이유진（イ・ユジン）」のように苗字と名前をくっつけて書きますが、「남궁 명（ナムグン・ミョン）」のように苗字が2文字の場合は苗字と名前を空けて書きます（p.67参照）。

語彙・文法

① 겨울연가에（×）→ 겨울연가의（○）　冬のソナタの

助詞「의（の）」は発音する時は［의（原則）］または［에（許容）］になりますが、スペルは変わりません。また、「의」は現れる位置や条件によって次のように発音します。

	発音	例
①語頭の「의」	［의］	의사[의사] 医者
②語中・語末の「의」	［의（原則）］ ［이（許容）］	거의[거의/거이] ほとんど 회의[회의/회이] 会議
③ㅇ以外の子音が伴う「ㅢ」	［이］	무늬[무니] 模様／희망[히망] 希望

② 멋있는 남자에（×）→ 멋있는 남자에게（○）　格好いい男性に

助詞「に」は韓国語では「（もの・時間・場所など）に」は「에」ですが、「（人）に」は「에게／한테」になるので、注意しましょう（p.119参照）。

　　ex）공책에 써요.　ノートに書きます。
　　　　10시에 만나요.　10時に会います。
　　　　은행에 갑니다.　銀行に行きます。
　　　　친구에게(한테) 말했어요.　友達に言いました。

③ 선물 받았으면 좋습니다（×）→ 선물 받았으면 좋겠습니다（○）　プレゼントしてもらいたいです

「～したらいい、～してもらいたい、～してほしい」は「-(으)면 좋겠다」または「-았/었으면 좋겠다」といいます。

　　ex）눈이 오면(왔으면) 좋겠어요.　雪が降ってほしいです。
　　　　좀 쉬면(쉬었으면) 좋겠어요.　少し休みたいです。

作文例を見てみましょう（2）

例2.　여러분은 어떤 선물을 받고 싶습니까? 왜 그 선물을 받고 싶습니까? 여러분이 받고 싶은 선물에 대해서 쓰십시오.

みなさんはどんなプレゼントをもらいたいですか？。なぜそのプレゼントがもらいたいですか？みなさんがもらいたいプレゼントについて書きなさい。

　　저는　책을　①받을　것을　좋아해요. 제　취미는　독서인데　항상　제가　좋아하게　돼요. 서점에　가도 다른　작가의　책은　보지도　않고　좋아하는　작가의　책만　사와요. 그래서　다른　사람이　선물해　주는　책을　읽으면　②새로운　세계와　만날　수　있어요. 친구가　책을　선물해　주면　그 친구가　어떤　책을　좋아하는지도　알　수　있고　☆책에 대해서 서로　이야기도　할　수　있어요. 이렇게　이유　때문에　③저는　책을　선물하는　것도　책을　선물 받는　것도　좋아해요.

POINT

分かち書き

☆ 책에대해서 (×) → 책에 ∨ 대해서 (○)　本について

「-에 대해서 (〜について)」は「에」と「대해서」の間を空けて書きます
　　ex) 요금에 대해서 물어 보고 싶어요.　料金について聞きたいです。
　　　　경제 문제에 대해서 이야기합시다.　経済の問題について話しましょう。

語彙・文法

① 받을 것을 (×) → 받는 것을 (○)　もらうのが

　動詞の現在連体形は「-는」、未来連体形は「-(으)ㄹ」ですが、ここではいつもそうである習慣的なことについて述べているので、現在連体形「받는」を使います（p.83、175参照）。日本語では連体形の現在と未来の区別がありませんが、韓国語では厳格に区別するので、注意しましょう。
　　ex) 이것은 제가 항상 먹는 빵이에요.　これは私がいつも食べ（てい）るパンです。
　　　　이것은 이따가 먹을 빵이에요.　これはあとで食べるパンです。

② 새롭은 세계와 (×) → 새로운 세계와 (○)　新しい世界と

　「새롭다（新しい）」はㅂ不規則用言なので、母音で始まる語尾の前でㅂが우に変わります（p.67参照）。そして、形容詞の現在連体形は「-(으)ㄴ」なので、ㅂ不規則用言「새롭다」の現在連体形は「새로운」になります。
　　ex) 아름답다　美しい　　→　아름다운 꽃　美しい花
　　　　귀엽다　かわいい　　→　귀여운 강아지　かわいい子犬
　　　　시끄럽다　うるさい　　→　시끄러운 장소　うるさい場所

③ 이렇게 이유 때문에 (×) → 이런 이유 때문에 (○)　このような理由で

　「このような」は「이런」、「このように」は「이렇게」です。「이렇다」のようなㅎ不規則用言は母音で始まる語尾の前で「ㅎ」が脱落するので、現在連体形は「이런」になります。

이렇다　こうだ	이런　こんな、このような	이렇게　このように
그렇다　そうだ	그런　そんな、そのような	그렇게　そのように
저렇다　ああだ	저런　あんな、あのような	저렇게　あのように
어떻다　どうだ	어떤　どんな、どのような	어떻게　どのように

間違いを探しましょう

次の文章の間違いを探し、適切な表現に直しなさい。

(1) 가을은 독서에 계절이라고 합니다.

(2) 이건 친구에 빌린 소설인데 아주 재미있어요.

(3) 너무 더워서 비가 좀 왔으면 좋습니다.

(4) 요즘 볼 드라마가 정말 슬퍼서 볼 때마다 울어요.

(5) 친구 결혼식 때 입는 옷을 새로 샀어요.

(6) 더럽은 것은 이쪽으로 놓으세요.

(7) 저렇게 모양으로 빨간 색은 없어요?

解答

(1) 독서에 → 독서의　秋は読書の季節といいます。
[Hint] 助詞「의（の）」は発音する時は［의（原則）］または［에（許容）］になりますが、スペルは変わりません。

(2) 친구에 → 친구에게(한테)　これは友達に借りた小説ですが、とても面白いです。
[Hint] 助詞「（人）に」は「에게/한테」です。

(3) 좋습니다 → 좋겠습니다　とても暑いので、雨が少し降ってほしいです。
[Hint] 「～したらいい、～してもらいたい、～してほしい」は「-(으)면　좋겠다」または「-았/었으면　좋겠다」です。

(4) 볼 → 보는　最近、見ているドラマが本当に悲しくて、見る度に泣いています。
[Hint] 動詞の現在連体形は「-는」、未来連体形は「-(으)ㄹ」ですが、ここではいつもそうである習慣的なことについて述べているので、現在連体形「보는」を使います。

(5) 입는 → 입을　友達の結婚式の時に着る服を新しく買いました。
[Hint] 動詞の現在連体形は「-는」、未来連体形は「-(으)ㄹ」ですが、ここでは未来のことについて述べているので、未来連体形「입을」を使います。

(6) 더럽은 → 더러운　汚いものはこちらへ置いてください。
[Hint] 「더럽다（汚い）」はㅂ不規則用言なので、現在連体形は「더러운」になります。

(7) 저렇게 → 저런　あのような形で赤色はありませんか？
[Hint] 「あのように」は「저렇게」、「あのような」は「저런」です。

作文を読んでみましょう (1)

次の文章を読んで、質問に答えなさい。

> 　　저는 옛날에는 비싼 선물을 받는 것이 좋았는데 지금은 조금 ㉠ _____. 요즘은 선물을 주는 사람이 저를 생각해서 ㉡선택한 선물을 받으면 기쁩니다. 그리고 선물은 받을 때까지 무슨 선물인지 모르는 것도 재미있습니다. 또 컴퓨터 메일보다 직접 손으로 쓴 편지를 받으면 아주 기분이 좋습니다. 그래서 저도 친구들 생일 때는 선물하고 같이 그림엽서나 편지를 보냅니다. 선물은 값보다는 ㉢ _____가/이 더 중요하다고 생각하기 때문입니다.

(1) 本文を読み、次の①〜③が本文の内容と同じ時は○、異なる時には×をつけなさい。
　①저는 선물을 받는 것보다 주는 것을 더 좋아합니다. (　　)
　②컴퓨터 메일을 받으면 아주 기분이 좋아집니다. (　　)
　③저는 친구들 생일 때 그림엽서나 편지도 보냅니다. (　　)

(2) ㉠に入る最も適切なものを次の①〜④から選びなさい。
　①싸졌습니다　　②빨라졌습니다　　③달라졌습니다　　④높아졌습니다

(3) ㉡と同じ意味のものを次の①〜④から選びなさい。
　①넣은　　②놀란　　③고른　　④남은

(4) ㉢に入る最も適切なものを次の①〜④から選びなさい。
　①희망　　②여유　　③마음　　④감사

(5) 本文の内容と一致するように次の (　　) に適切な語彙を入れなさい
　①저는 옛날에는 (　　) 선물보다 비싼 선물을 받는 것을 더 좋아했습니다.
　②지금은 선물의 (　　)는/은 중요하지 않다고 생각합니다.

解答

　　私は、昔は高いプレゼントをもらうのが好きでしたが、今は少し㋐_____。最近はプレゼントをくれる人が私のことを考えて㋑選んだプレゼントをもらうと嬉しいです。そして、プレゼントはもらう時までにどんなプレゼントなのか知らないのも面白いです。また、パソコンのメールより直接手で書いた手紙をもらうととても気分がいいです。それで、私も友人達の誕生日の時にはプレゼントと一緒に絵葉書や手紙を送ります。プレゼントは値段よりは㋒_____の方がもっと大事だと思うからです。

(1)
　①私はプレゼントをもらうよりあげる方がもっと好きです。（×）
　②パソコンのメールをもらうととても気分がよくなります。（×）
　③私は友人達の誕生日の時に絵葉書や手紙も送ります。（○）

(2)　③달라졌습니다
　①싸졌습니다　安くなりました　　②빨라졌습니다　速くなりました
　③달라졌습니다　変わりました　　④높아졌습니다　高くなりました

(3)　③고른
　①넣은　入れた　　②놀란　驚いた
　③고른　選んだ　　④남은　残った

(4)　③마음
　①희망　希望　　②여유　余裕　　③마음　心　　④감사　感謝

(5)
　①싼　安い
　　私は昔は安いプレゼントより高いプレゼントをもらうのがもっと好きでした。

　②값　値段
　　今はプレゼントの値段は大事ではないと思います。

作文を読んでみましょう (2)

次の文章を読んで、質問に答えなさい。

> 제가 가장 선물로 받고 싶은 것은 과자예요. 몸이 피곤할 때나 스트레스가 있을 때 맛있는 과자를 하나 먹으면 ㉠바로 기분이 좋아져요. 또 예쁜 모양의 과자는 별로 비싸지도 않고 작지만, 선물로 받으면 기뻐요. 일본이나 해외 관광지에는 그 지방의 예쁜 선물용 과자가 많아서 보는 것만으로도 즐거워요. 그래서 저도 예쁜 모양의 과자를 ㉡□□□ 친구에게 선물하고 싶어져요. ㉢□□□ 과자는 싸지만 귀엽고, 또 받으면 기분도 좋아지기 때문에 저는 과자를 선물로 받고 싶어요.

(1) 本文を読み、次の①〜③が本文の内容と同じ時は○、異なる時には×をつけなさい。
　①저는 피곤할 때는 친구에게 예쁜 과자를 선물합니다. (　　)
　②과자는 비싸고 작아서 선물로 주면 좋습니다. (　　)
　③저는 관광지에서 선물용 과자를 보는 것을 좋아합니다. (　　)

(2) ㉠と同じ意味のものを次の①〜④から選びなさい。
　①대신　　②금방　　③얼마나　　④방금

(3) ㉡に入る最も適切なものを次の①〜④から選びなさい。
　①봐서　　②보니까　　③보면　　④보려고

(4) ㉢に入る最も適切なものを次の①〜④から選びなさい。
　①저렇게　　②이렇게　　③어떻게　　④편하게

(5) 次の質問に韓国語で答えなさい。
　①이 사람은 언제 과자를 먹으면 기분이 좋아집니까?
　(　　　　　　　　　　　　　　　　　　　　　　　　　　　　)
　②이 사람이 과자를 선물로 받고 싶은 이유는 무엇입니까?
　(　　　　　　　　　　　　　　　　　　　　　　　　　　　　)

解答

　　私が一番プレゼントにもらいたいものはお菓子です。身体が疲れている時やストレスがある時、美味しいお菓子を１つ食べると、㋐すぐに気分がよくなります。またかわいい形のお菓子はあまり高くもなく、小さいけれど、プレゼントとしてもらうと嬉しいです。日本や海外の観光地にはその地方のかわいいプレゼント用のお菓子が多いので、見るだけでも楽しいです。それで、私もかわいい形のお菓子を㋑[　　　]、友達にプレゼントしたくなります。㋒[　　　]お菓子は安いけれど、かわいいし、またもらうと気分もよくなるので、私はお菓子をプレゼントにもらいたいです。

(1)
　①私は疲れている時は友達にかわいいお菓子をプレゼントします。（×）
　②お菓子は高くて小さいので、プレゼントとしてあげるといいです。（×）
　③私は観光地でプレゼント用のお菓子を見るのが好きです。（○）

(2)　②금방
　①대신　代わりに　　②금방　すぐ　　③얼마나　どれぐらい　　④방금　たった今

(3)　③보면
　①봐서　見て　　②보니까　見たら　　③보면　見ると　　④보려고　見ようと

(4)　②이렇게
　①저렇게　あのように　　②이렇게　このように
　③어떻게　どのように　　④편하게　楽に

(5)
　①この人はいつお菓子を食べると気分がよくなりますか？
　　몸이 피곤할 때나 스트레스가 있을 때입니다. 身体が疲れている時やストレスがある時です。

　②この人がお菓子をプレゼントにもらいたい理由は何ですか？
　　과자는 싸지만 귀엽고, 또 받으면 기분도 좋아지기 때문입니다. お菓子は安いけれど、かわいくて、またもらうと気分もよくなるからです。

作文の前にウォーミングアップ

1. 次の単語や語句を並び替えて、文章を完成させなさい。

(1) 샀어요 을 생일선물 장갑 친구 로

　→ _____

(2) 을 어머니 드렸습니다 화장품 께 사

　→ _____

(3) 친구 때 생일 을 받았어요 한테 지갑

　→ _____

(4) 한테 모자 들어요 언니 마음 받은 가 에

　→ _____

(5) 선물 저 을 싶어요 꽃 는 받고

　→ _____

2. 次の質問に韓国語で答えなさい。

(1) 보통 친구 생일 때 어떤 선물을 합니까?

(2) 부모님 생신 때 어떤 선물을 드렸습니까?

(3) 지금까지 어떤 생일 선물을 받았습니까?

(4) 지금까지 받은 선물 중에서 가장 기억에 남는 선물은 무엇입니까? 그것은 누구한테 받았습니까? 그 선물에 대해서 쓰십시오.

(5) 앞으로 어떤 선물을 받고 싶습니까?

解答

1.
(1) 친구 생일선물로 장갑을 샀어요. 友達の誕生日プレゼントに手袋を買いました。
(2) 어머니께 화장품을 사 드렸습니다. 母に化粧品を買って差し上げました。
(3) 생일 때 친구한테 지갑을 받았어요 誕生日の時、友達に財布をもらいました。
(4) 언니한테 받은 모자가 마음에 들어요. 姉にもらった帽子が気に入っています。
(5) 저는 꽃을 선물 받고 싶어요. 私は花をプレゼントにもらいたいです。

2.
(1) 普通、友達の誕生日の時、どんなプレゼントをしますか？
[Hint]「저는 보통 -를/을 선물합니다 (私は普通、～をプレゼントします)，-를/을 선물로 줍니다 (～をプレゼントにあげます)」などを使うことができます。

(2) ご両親の誕生日の時、どんなプレゼントを差し上げましたか？
[Hint]「-를/을 드렸습니다 (～を差し上げました)，-를/을 선물로 드렸습니다 (～をプレゼントに差し上げました)」などを使うことができます。

(3) 今までどんな誕生日プレゼントをもらいましたか？

(4) 今までもらったプレゼントの中で一番記憶に残っているプレゼントは何ですか？それは誰からもらいましたか？そのプレゼントについて書きなさい。
[Hint]「가장 기억에 남는 선물은 -입니다 (一番記憶に残っているプレゼントは～です)，-가/이 가장 기억에 남습니다 (～が一番記憶に残っています)」などを使うことができます。

(5) 今後どんなプレゼントをもらいたいですか？

語彙力をアップしましょう

基本語彙と表現

생일 誕生日　　　　　　　모자 帽子　　　　　　안경 メガネ
수첩 手帳　　　　　　　　　　　　　　　시계 時計
기쁘다 嬉しい　　　　　　　　　　　　슬프다 悲しい
받다 もらう　　　　　　　　　　　　　주다 あげる・くれる
받고 싶다 もらいたい　　　　　　　　주고 싶다 あげたい
이것이 -를/을 받고 싶은 이유이다　これが～をもらいたい理由だ

使える語彙と表現

생신 誕生日の尊敬語　　　장갑 手袋　　　　　지갑 財布
화장품 化粧品　　　　　　양말 靴下　　　　　손수건 ハンカチ
우산 傘　　　　　　　　　편지 手紙　　　　　그림엽서 絵葉書
기뻐하다 嬉しがる　　　　떠나다 発つ　　　　데이트를 하다 デートをする
싸다＝포장하다 包む、包装する　　　　깜짝 놀라다 びっくりする
-를/을 받았으면 좋겠다 ～をもらったらいいなと思う
마음이 중요하다 心が大事だ
요리를 해 주다 料理をしてあげる・くれる
노래를 불러 주다 歌を歌ってあげる・くれる

作文を書いてみましょう

※다음을 읽고 150~300자로 글을 쓰십시오(띄어쓰기 포함).
　次の問題を読んで、150～300字以内（分かち書きを含む）で文章を書きなさい。

　여러분은 어떤 선물을 받고 싶습니까? 왜 그 선물을 받고 싶습니까? 여러분이 받고 싶은 선물에 대해서 쓰십시오.

(1) マインドマップを描きましょう

　まず、もらいたいプレゼントについて書きたいことを思い出しながら、マインドマップを作成しましょう。書いた部分についてもさらに思い出したことがあれば書き足してもいいです。文章ではなく単語や語句で書きましょう。必ず次のポイントが入るように書き、書き終わったら、それぞれのポイントに番号を付けておきましょう。制限時間は15～20分です。

　作文ポイント：①もらいたいプレゼント　②あげたいプレゼント　③理由

もらいたいプレゼント

(2) 作文を書いてみましょう

　左のページのマインドマップをもとに作文を書いてみましょう。①から③の順番は変えてもいいですが、順番通りに書いていけばうまく書けます。制限時間は35〜40分です。

私だけのメモ帳

次の単語から連想されるものを書いてみましょう。

(1) プレゼント

(2) 感情・思考

私だけのチェックリストを作ってみましょう。

(1) _____

(2) _____

日本語訳

作文・読解編 日本語 訳

1. 自己紹介
作文例を見てみましょう(1)

　私は和田よし子といいます。日本人です。そして、結婚はしていません。私はパンを作るのが好きで、3年前までに料理教室でパン作りを教えていました。今は会社に勤めています。韓国語の勉強は韓国の歌が好きで始めるようになりました。私は趣味も多くて好きなことも多いです。外国語の勉強、旅行、映画鑑賞、音楽鑑賞、釣り、料理など、いろいろな趣味を持っています。けれども、最近は韓国語の勉強が一番面白いので、他の趣味があまりできません。

作文例を見てみましょう(2)

　こんにちは。私は田中真一といいます。日本人で、会社員です。韓国語を習ってから2年になります。韓国語は日本語と似ているけれど、発音がとても難しいです。私は韓国ドラマがとても好きで韓国語の勉強を始めました。ところで、最近は仕事が忙しくて平日にはドラマを見る時間がありません。それで、週末には主に家で韓国ドラマを見ます。そして、私は旅行も好きです。長い休暇をもらったら韓国の地方都市と田舎に旅行に行きたいです。1人でゆっくりいろんな所を見て回りたいです。

2. 家族紹介
作文例を見てみましょう(1)

　私の家族をご紹介します。私の家族は全部で3人です。私、夫、それから娘が1人います。夫は公務員ですが、趣味はギターです。大学の友人達とバンド活動をしながら音楽を楽しんでいます。娘は高校3年生です。大学の試験準備のために毎日寝る時間もなく頑張って勉強をしています。

　それから、私は料理、掃除、洗濯をするのが好きな普通の主婦です。韓国ドラマを見るのがとても好きです。それで、家事をする時もいつもテレビを見ながらしています。

作文例を見てみましょう(2)

　私の家族は父、母、弟、それから私です。父は会社員ですが、ゴルフがとても好きて、週末にはゴルフをしに行きます。母は主婦ですが、ショッピングが好きでデパートに行くのが好きです。父と母は2人とも57歳です。弟は20歳で、大学生です。学校の休みの時に旅行に行こうと今コンビニでアルバイトをしています。私は図書館の司書で、29歳です。今、韓国語を習っているのですが、まだ韓国に行ったことがありません。それで、今度の休暇の時は必ず韓国旅行に行こうと思います。

3. 自分の得意なこと

作文例を見てみましょう(1)

　私はピアノが得意です。小学生の時、妹と一緒にピアノ教室で習い始めました。妹は最初からピアノを弾くのが好きでした。けれども、私はピアノを弾くのが面白くなくて3年くらい習った後に辞めました。ところが、高校生の時、再びピアノを習いたくなりました。今度はピアノ教室に行かずに家で好きな歌を弾きながら一人で練習しました。好きなピアノを弾くので、私も楽しく、私のピアノを聴く家族も喜びます。これからも私のピアノで家族を楽しませてあげたいです。

作文例を見てみましょう(2)

　私は料理が得意です。結婚する前は料理をあまりしませんでしたが、結婚してから料理をたくさんするようになりました。月に1回ずつ料理教室に通っていますが、その日習った料理を家でもう一度作りながら練習します。時々家族と友達を招待して料理教室で習った料理を作ってあげたりもします。これからもいろいろな国の料理を作ってみたいです。私の夢は将来料理教室を開くことです。まだ料理人みたいに料理が上手なわけではありませんが、私が作った料理を食べて喜ぶ人々を見ると幸せです。

4. 住みたい所

作文例を見てみましょう(1)

　私は将来、沖縄で暮らしたいです。沖縄は日本ですが、外国のように海も美しくて食べ物も美味しいです。今まで何度も行きましたが、行く度に楽しくて見どころが多いです。観光地や市場を見て回るのも面白いですが、人がいない海辺で静かに歩くのもいいです。また、沖縄には島がたくさんあるのですが、船や飛行機に乗って島に行くこともできます。島では釣りやいろいろなスポーツもできます。年をとって、沖縄の静かな小さい島で釣りをしながら自然と共に暮らすのが私の夢です。

作文例を見てみましょう(2)

　私は韓国に住みたいです。私は韓国ドラマが好きで2年前から韓国語の勉強を始めるようになりました。最初は難しかったけれど、韓国語は日本語と似ていて英語より勉強するのがもっと易しいです。また、私の彼氏も韓国人で、友達の中には韓国人も多いです。韓国旅行にもよく行くし、韓国の食べ物もとても好きです。それで、私は3年後には会社を辞めて韓国に行こうと思います。韓国に住んで、就職して、彼氏と結婚もしたいです。韓国で暮らしながら韓国についてもっとたくさん知りたいです。

5. 会いたい人
作文例を見てみましょう(1)
　私は15年前に初めてドイツに行った時、出会った韓国人にもう一度会いたいです。空港でバスに乗ろうとした時、私はドイツ語があまり話せなかったので、バスの運転手のおじさんの言っていることが分かりませんでした。ところで、その時、ある韓国人が私を助けてくれました。その人はドイツ語もできて、日本語もできました。その後、私はドイツで6年間住んでいましたが、ドイツでもその人に時々会いました。日本に帰ってきてからは連絡できませんでしたが、もう一度その人に必ず会いたいです。もう一度会ったら今度は私が韓国語で話すつもりです。

作文例を見てみましょう(2)
　私が今一番会いたい人はイ・ビョンホンさんです。イ・ビョンホンさんは私が一番好きな韓国の俳優ですが、今までイ・ビョンホンさんを空港で2回見かけたことがあります。けれどももっと近くで見たいです。それから、イ・ビョンホンさんに会って、一緒にやりたいこともたくさんあります。春はドラマの撮影地である汝矣島（ヨイド）に行って一緒に散歩しながらたくさん話したいです。夏は美しい島に行って一緒に泳ぎたいです。秋には素敵なカフェでお茶を飲みながら映画の話を聞きたいです。冬には彼の家でワインを飲みながら一緒に映画鑑賞をしたいです。

6. 旅行
作文例を見てみましょう(1)
　私は旅行が好きで、今まで外国旅行をたくさんしました。その中でも特に5年前に行ったイギリス旅行がとてもよかったです。その時は弟がイギリスに留学していたのですが、夏の休暇の時に母と弟に会いに行きました。そして、弟が案内してくれて一緒に観光をしました。イギリスは昔の建物が多いので見どころも多いし、自然も多くて景色が美しかったです。また、イギリスは紅茶が有名ですが、私は紅茶がとても好きなので、イギリスにいる間、毎日飲みました。日本で飲む紅茶より美味しかったです。もう一度イギリスに行って紅茶を飲みたいです。

作文例を見てみましょう(2)
　私はサイパンとモルディブ、ハワイに行ったことがあります。毎年、夏の休暇になると、外国旅行に行きます。私の趣味はスキンスキューバです。それで、だいたい海が美しいところへ旅行に行くのですが、特にモルディブは海水がとても澄んでいて、砂場もきれいで最高でした。頻繁に行きたいけれど、日本から飛行機で14時間もかかって、とても遠いので、簡単には行けません。けれども、今度の夏には必ずもう一度モルディブに行ってスキンスキューバをしたいです。

7. 好きな場所・よく行く場所

作文例を見てみましょう(1)

　私は旅行がとても好きです。特に京都に行くのが好きですが、その理由は私の好きなお寺、美しい金閣寺があるからです。私が生まれて住んでいる東京は交通が便利で、住みやすい所ですが、自然が少ないです。それから、私が好きなお寺もあまりありません。小さなお寺はありますが、京都みたいに大きくて美しいお寺はありません。それで、今でも年に1回は必ず1人で京都に旅行に行きます。金閣寺はどの季節に行ってもいいけれど、紅葉がきれいな秋に行くのが一番いいです。みなさんも秋に必ず一度金閣寺に行ってみてください。

作文例を見てみましょう(2)

　私は会社の食堂によく行きます。お昼時も行って、夕食時にも行きます。私の夫は仕事のために中国で別々に住んでいるので、私は夫のために夕食を作る必要がありません。それで、私は夕食もいつも会社の食堂で食べます。私の会社の食堂は値段も安くて美味しいです。
　それから、私が会社の食堂によく行く理由はもう1つあります。会社の食堂はカフェより広いのですが、夕方には人があまりいなくて静かです。それで、本を読んだり、韓国語の勉強をするのにもとてもいい場所です。これからも会社の食堂によく行くと思います。

8. 趣味

作文例を見てみましょう(1)

　私は韓国ドラマを見るのが好きです。時間がある時、よく韓国ドラマを見ます。ドラマを見る前にまず、温かいお茶と美味しいお菓子を用意します。それから、テレビの前にある楽なソファーに座って1人で見ます。ドラマを見ると、私はドラマの中の女優になります。女優と一緒に笑って、泣いて、喜んで、恋をします。私は韓国ドラマを見る時間が一番幸せです。今の私の夢は韓国語を一生懸命に勉強して韓国ドラマを字幕なしで見ることです。

作文例を見てみましょう(2)

　私の趣味はバレエです。8歳の時、母とバレエ公演を初めて見に行ったのですが、その時からバレエが好きになりました。私も習いたかったのですが、その時は他のものを習っていたので、時間がなくて習うことができませんでした。けれどもバレエがとても習いたくて大学生になってから習い始めました。練習はとても大変ですが、バレエは本当に楽しいです。バレエをすると、嫌なことも忘れることができます。好きなことなので、疲れていたり大変でもその時間が楽しいです。私はおばあさんになってもずっとバレエをするつもりです。

9. 好きな友達

作文例を見てみましょう(1)

　私の一番親しい友達は沙紀です。沙紀と私は高校生の時に出会いましたが、沙紀は今、中学校の英語の先生です。沙紀は頭がよくて面白い人です。私は彼女と一緒に旅行に行ったり、ショッピングをするのが好きです。私達は好きな服のスタイルが似ていて、同じ服や似たような服をたくさん持っています。また、私達はとても気が合うので、話さなくてもお互いに考えていることがよく分かります。沙紀と一緒に遊ぶと、一日が本当に楽しく早く過ぎていきます。

作文例を見てみましょう(2)

　私が一番好きな友達は伊藤さんです。私達は4年前に私が会社に入った時に初めて会いました。伊藤さんは私より3歳年上なので、会社では先輩ですが、私達は友達のように過ごしています。会社で大変な事がある時はたくさん助けてもらって、時には姉のようにいい話もたくさんしてくれます。また、私達は休暇の時になると、一緒にいろいろな国に旅行に行きます。私は英語があまり得意ではないのですが、伊藤さんは英語がとても上手なので、一緒に外国旅行に行くと、全く不便ではありません。これからも伊藤さんと一緒にいろいろな国を旅しながら、楽しい記憶をたくさん作りたいです。

10. 今年の抱負

作文例を見てみましょう(1)

　今年、私はヨガを習いたいです。私は運動が好きで、週末ごとにスポーツセンターに通っています。このスポーツセンターに通い始めて、すでに4年になりました。他の用事がなければ、週末には必ず運動をしに行きます。けれども、最近は運動をすると、すぐ疲れてしまいます。年のせいだと思います。ところで、ヨガはそんなに辛い運動ではなく、ヨガをすると、身体が軽くなって、気分もよくなるそうです。そこで、2014年には健康のために、ヨガを習いたいです。

作文例を見てみましょう(2)

　私は今年、やりたいことがたくさんあります。まず、旅行にたくさん行きたいです。けれども、お金もあまりなく、長い休暇もないので、これは少し難しそうです。それから、読書もたくさんしたいです。去年は本をあまり読めなかったので、今年は私の好きな歴史小説をたくさん読もうと思います。また、やりたいことは料理です。日本料理ではなくて、韓国料理や他の外国の料理を習いたいです。最後にダイエットも一所懸命にするつもりです。今年はいろいろやりたいことが多いので、一日一日を一生懸命に過ごそうと思います。

11. 時間があったらしたいこと
作文例を見てみましょう(1)

　私は時間があったら、韓国に旅行に行きたいです。今まで韓国には２回行きましたが、時間があったら、友達とまた行きたいです。韓国は近くて美味しい食べ物が多くて、化粧品や服も安いので、ショッピングも楽しいです。人々も親切で、私は韓国がとても好きです。けれども、まだ行ったことがない場所が多く、食べたい食べ物も多いです。それで今年は時間を作って、また韓国に旅行に行くつもりです。

作文例を見てみましょう(2)

　私は時間があったら海外旅行に行きたいです。夫や友達と一緒に行くのもいいけれど、母と一緒に行く旅行が一番楽しいです。今まで母といろんな所に旅行に行きましたが、去年は母とヨーロッパ旅行をしました。博物館も見学し、美味しい食べ物も食べて、本当にいい旅行でした。けれども、電車で移動しながら見物する旅行は少し大変でした。今度は船で世界旅行をしたいです。

12. 好きな季節
作文例を見てみましょう(1)

　私は夏が一番好きです。なぜならば、夏には夏休みがあるからです。冬にも休みはあるけれど、冬は寒いので、あまり好きではありません。夏は暑いけれど、私は暑い夏に冷たい食べ物を食べるのが好きです。そして、私は夏休みに友人達と海によく行きます。私は海が好きですが、特に夏の海が好きです。海で私達は泳いで、美味しいかき氷も食べます。海辺で食べるかき氷は本当に冷たくて美味しいです。今年の夏にも海に行って、かき氷を食べるつもりです。

作文例を見てみましょう(2)

　私は季節の中で春が一番好きです。なぜならば、春は私の好きな桜が咲く季節だからです。春には友人達と一緒に公園に行って花見をします。また、天気も暖かいので、私は春が好きです。ところで、私は紅葉がきれいな秋も好きです。秋には紅葉を見によく山に登ります。景色も美しくて、天気も涼しいので、気分がいいです。しかし、１つ嫌な点があります。私の誕生日が秋なので、秋には１歳年をとります。幼かった時は嬉しかったけれど、今はあまり嬉しくありません。そこで、今私が一番好きな季節は春です。

13. 週末の過ごし方

作文例を見てみましょう(1)

　私は普段、週末の朝には夫と一緒に散歩に出かけます。家の近くの川辺を30分くらい歩いていくと、デパートのある大きな駅が現れます。そして、いつも駅の前にあるかわいいカフェで朝ご飯を軽く食べます。そこは平日には会社員がたくさんいますが、週末には私達のように家族がたくさん来ます。私達は特別な話をするわけでもなく、美味しい食べ物を食べるわけでもありません。けれども、夫と過ごすこのような普通の時間がとても幸せです。これからも毎週末には夫と一緒に散歩をするつもりです。

作文例を見てみましょう(2)

　私は、平日には普段6時に起きますが、週末は会社に行かないので、平日より少し遅く起きます。そして、遅い朝ご飯を食べて、午前には市民体育館に行って運動をします。私は運動するのがあまり好きではありませんが、健康のために2ヶ月前から運動を始めました。最初は大変でしたが、運動をすると身体も軽くなるような気がしますし、運動後にはご飯も美味しいです。今は主に週末にだけ運動をしているのですが、これからは平日にも運動をしようと思います。

14. もらいたいプレゼント

作文例を見てみましょう(1)

　私が一番もらいたいプレゼントは花です。特にバラをもらいたいです。私が初めて見た韓国ドラマ、冬のソナタで女性主人公ユジン氏が一番好きな花がバラだと言っていましたが、私もバラが一番好きです。リビングや食卓の上にバラを置くと、気分がよくなって、幸せになります。けれども、最近は花の値段が高いので、頻繁に買うことはできません。それで、花をプレゼントされたら嬉しいです。私も冬のソナタのチュンサン氏のような素敵な男性にバラをプレゼントされたらいいなと思います。

作文例を見てみましょう(2)

　私は本をもらうのが好きです。私の趣味は読書ですが、いつも私の好きな作家の小説ばかり読むようになります。書店に行っても他の作家の本は見もせずに、好きな作家の本ばかり買って帰ります。それで、他の人がプレゼントしてくれる本を読むと、新しい世界と出会うことができます。友達が本をプレゼントしてくれると、その友達がどんな本が好きなのかも分かり、本についてお互いに話すこともできます。このような理由で、私は本をプレゼントするのも、本をプレゼントされるのも好きです。

付録

文法リスト

漢数詞

1 일	2 이	3 삼	4 사	5 오	6 육	7 칠	8 팔	9 구	10 십
11 십일	12 십이	13 십삼	14 십사	15 십오	16 십육 [심뉵]	17 십칠	18 십팔	19 십구	20 이십
21 이십일	22 이십이	23 이십삼	24 이십사	25 이십오	26 이십육 [이심뉵]	27 이십칠	28 이십팔	29 이십구	30 삼십
40 사십	50 오십	60 육십	70 칠십	80 팔십	90 구십	100 백	1000 천	10000 만	0 영 / 공

＊[ ]の発音に注意。

固有数詞

1 하나 (한)	2 둘 (두)	3 셋 (세)	4 넷 (네)	5 다섯	6 여섯	7 일곱	8 여덟	9 아홉	10 열
11 열하나 (열한)	12 열둘 (열두)	13 열셋 (열세)	14 열넷 (열네)	15 열다섯	16 열여섯	17 열일곱	18 열여덟	19 열아홉	20 스물 (스무)
30 서른	40 마흔	50 쉰	60 예순	70 일흔	80 여든	90 아흔			

＊( )は後に単位名詞が来る場合。

単位

漢数詞を使う単位	원（ウォン），층（階），번（電話番号、学年など…番），개월（ヶ月），분（時間の分），초（時間の秒），년월일（年月日），세（歳），회（回），미터（メーター），킬로（キロ），페이지・쪽（ページ）など
固有数詞を使う単位	主に少ない物を数える時に使う。 개（個），권（冊），명（名），사람（ひとり、ふたり…人），마리（匹），잔（杯），장（枚），살（歳），시（時間の時），시간（時間），달（ひと月、ふた月…月），가지（1種類、2種類…種類），번（回）など

助詞

が	가 / 이 께서（尊敬語）
は	는 / 은 께서는（尊敬語）
を	를 / 을
（人）に	에게 한테（話し言葉） 께（尊敬語）
（人）から	에게서 한테서（話し言葉） 께（尊敬語）
（手段）で・（場所）へ	(으)로
（始点）から	부터
（終点）まで	까지
より	보다
も	도（添加） (이)나（数量の強調）
と	와 / 과 하고（話し言葉）
だけ、ばかり	만
の	의
や、か（列挙）	(이)나
〜人で（人数）	(이)서

名詞の時制（現在・過去）を表す表現

直前の語	해요体 (現在形)	해요体 (過去形)	합니다体 (現在形)	합니다体 (過去形)
パッチム× （母音語幹）	-예요 〜です	-였어요 〜でした	-입니다 〜です	-였습니다 〜でした
パッチム○ （子音語幹）	-이에요 〜です	-이었어요 〜でした		-이었습니다 〜でした

文法リスト **325**

連体形

	過去	現在	未来
指定詞（名詞＋이다）	-이던 (-였던 / 이었던)	-인	-일
動詞	-ㄴ / 은 -던(-았 / 었던)	-는	-ㄹ / 을
形容詞	-던(-았 / 었던)	-ㄴ/은	-ㄹ / 을
存在詞（있다・없다）	-던(-었던)	-는	-을

前置き・婉曲・逆接を表す表現

前置き・婉曲・逆接 （〜だが、〜けれど、〜のに）	名詞＋(이)ㄴ데
	動詞・存在詞＋는데
	形容詞＋(으)ㄴ데

理由を表す表現

理由	名詞＋때문에　〜のために、〜のせいで
	名詞＋이기 때문에　〜であるから、〜であるために
	動詞・形容詞・存在詞＋기 때문에　〜するから、〜なので
	名詞＋(이)라서　〜であるので、〜なので、〜だから
	動詞・形容詞・存在詞＋아 / 어서　〜て、〜から
	名詞＋이니까　〜だから、〜なので
	動詞・形容詞・存在詞＋(으)니까　〜だから、〜ので

授受表現

(に) あげる	(에게/한테) 주다	(に) 差し上げる	(께) 드리다
(に) くれる		(から) くださる	(께서) 주시다
(に／から) もらう	(에게/에게서) 받다	(に／から) いただく	(께) 받다

～してあげる	-아/어 주다	～して差し上げる	-아/어 드리다
～してくれる		～してくださる	-아/어 주시다
～してもらう	-아/어 주다 -를/을 받다	～していただく	-아/어 주시다 -를/을 받다

目上
-께서 -아/어 주시다
（～が～してくださる）

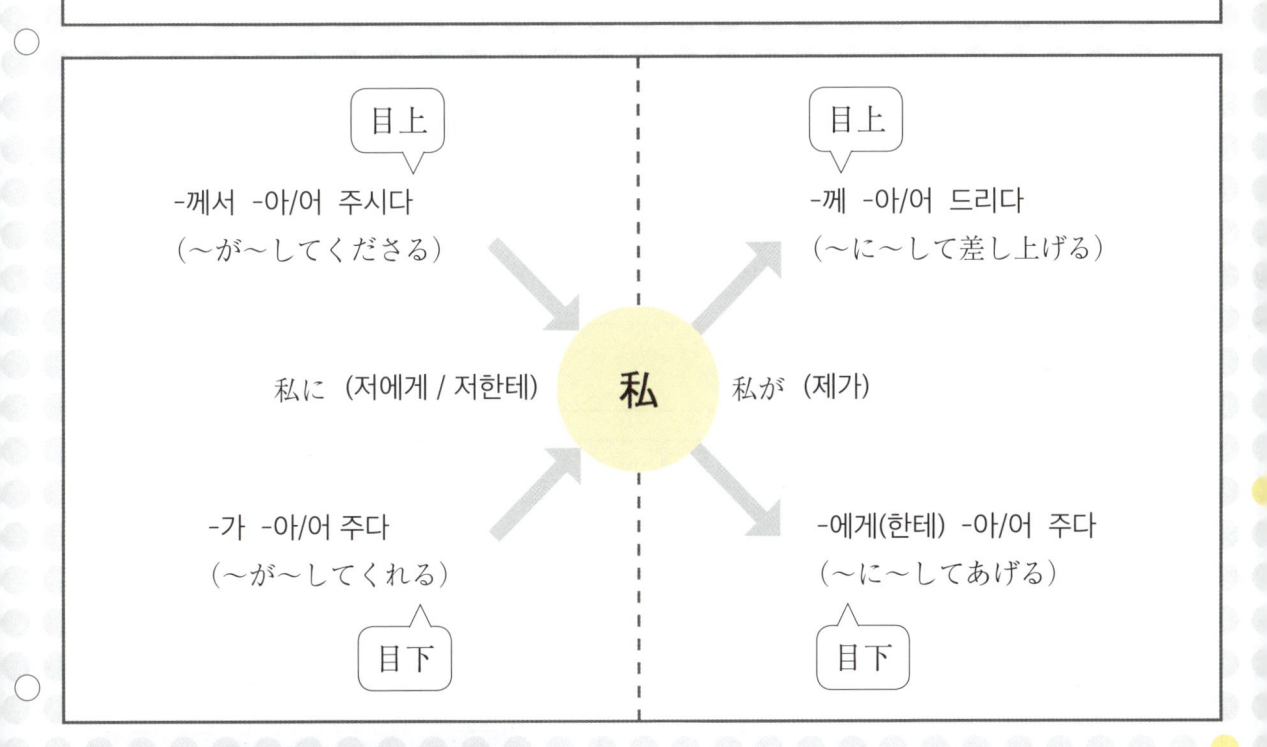

目上
-께 -아/어 드리다
（～に～して差し上げる）

私に（저에게 / 저한테）　　私　　私が（제가）

-가 -아/어 주다
（～が～してくれる）
目下

-에게(한테) -아/어 주다
（～に～してあげる）
目下

尊敬表現

	基本形	해요体	합니다体
動詞・存在詞・形容詞	-(으)시다 ～なさる	-(으)세요 ～なさいます	-(으)십니다 ～なさいます
名詞	-(이)시다 ～でいらっしゃる	-(이)세요 ～でいらっしゃいます	-(이)십니다 ～でいらっしゃいます

特別敬語

動詞・存在詞		尊敬語
먹다　食べる 마시다　飲む		드시다 / 잡수시다　召し上がる
자다　寝る		주무시다　お休みになる
있다	있る	계시다　いらっしゃる
	ある	있으시다　おありになる
말하다　話す		말씀하시다　おっしゃる
죽다　死ぬ		돌아가시다　お亡くなりになる

名詞	尊敬語
말　言葉	말씀　お言葉
사람　人	분　方
집　家	댁　宅
생일　誕生日	생신　お誕生日
밥　ご飯	진지　お食事
나이　歳	연세　お歳
이름　名前	성함　お名前

助詞	尊敬語
가/이　が	께서
에게/한테　に	께
에게서/한테서　から	께
는/은　は	께서는
도　も	께서도

推測・推量を表す表現

	推測・数量 (〜そうだ、〜らしい、〜ようだ、〜と思う)
過去	動詞+(으)ㄴ 것 같다
現在	名詞+같다／名詞+인 것 같다
	動詞・存在詞+는 것 같다
	形容詞+(으)ㄴ 것 같다
未来	動詞・形容詞・存在詞+(으)ㄹ 것 같다

意志・推測を表す表現

	意味	共起する人称
-겠어요 -겠습니다	「～します（改まった表現、強い意志表示）」 「～でしょう（推測・推量）」	1人称、2人称は意志。 3人称は推測。
-(으)ㄹ게요	「～しますね、～しますから（約束・誓い）」 相手の都合を考えて自分の意志を告げる。 疑問文では使えない。	1人称
-(으)ㄹ래요	「～します（意志表示」） 相手の都合を考えずに自分の意志を告げる。 疑問文では相手の意向を訪ねる表現。	1人称、2人称
-(으)ㄹ 거예요 -(으)ㄹ 것입니다	「～するつもりです（予定・意志）」 「～でしょう（推測・推量）」	1人称、2人称は意志。 3人称は推測。

命令を表す表現

-(으)십시오 / -(으)세요　～してください

「-(으)십시오 / -(으)세요」と「-아/어 주십시오 / -아/어 주세요」

	～してください
-(으)십시오 -(으)세요	▶指示をだしたり、アドバイスを与えたりする時に使う「～してください、お（ご）～ください、～しなさい」。 ▶尊敬の接辞「시」が付いた丁寧な命令表現。 ▶「책을 보세요（本を見てください），읽으세요（読んでください），조용히 하세요（静かにしてください）」など教室用語でよく使う。 例）이름을 쓰세요. 名前をお書きください。（指示文） 　　설명하세요. 説明しなさい。（教科書の問題などでの指示文。先生に質問する時に使うと失礼。） 　　기다리세요. お待ちください。（受付などでの丁寧な命令。遅れた時に使うと失礼。） 　　우산을 빌리세요. 傘を借りてください。
-아/어 주십시오 -아/어 주세요	▶人に頼みごとをする時に使う「～してください」。 ▶「～してもらえますか」と入れ替えても成立する。 例）이름을 써 주세요. 名前を書いてください。（名前を書いてもらいたい時） 　　설명해 주세요. 説明してください。（分からないことを質問する時。） 　　기다려 주세요. 待ってください。（相手にお願いする時。） 　　우산을 빌려 주세요. 傘を貸してください。

順序を表す表現

-고　～て（羅列）
-고 나서　～してから
-기 전　～する前
-아/어서　～て（時間的な順序）
-(으)ㄴ 지　～してから
-(으)ㄴ 후＝-(으)ㄴ 다음　～した後

時間を表す表現

-(으)ㄹ 때　～する時
-았/었을 때　～した時

同時進行を表す表現

-(으)면서　～しながら

義務を表す表現

-아/어야 되다(하다)　～しなければならない

許可を表す表現

-아/어도 되다　～してもいい

仮定を表す表現

-(으)면　～すれば、すると

禁止・否定を表す表現

-(으)면 안 되다　～してはいけない
-지 않고　～しないで、せずに（否定）
-지 말고　～しないで、せずに（禁止）
-지 마십시오/마세요　～しないでください
안　（単純否定の副詞）～しない
못　（不可能を表す否定の副詞）～できない

状態を表す表現

-지 않았다＝안 -았/었다　～していない

様子を表す表現

（感情）形容詞 + 아/어하다　～がる

用言を名詞に変える表現

-기　（これから）～すること（計画や予定、未定、未完結）
-는 것　～すること（客観的な叙述）
-(으)ㅁ　～すること（既定、完結）

意図や目的を表す表現

-(으)러　～をしに
-(으)려고　～しようと
-를/을 위해서　～のために

変化を表す表現

動詞 + 게 되다　～するようになる、～くなる、～になる
形容詞 + 아/어지다　～くなる

希望・願望を表す表現

-고 싶다　～したい
-고 싶어지다　～したくなる
-(으)면 좋겠다　～したらいい、～してもらいたい、～してほしい
-았/었으면 좋겠다　～したらいい、～してもらいたい、～してほしい

接続詞

그래서　それで、だから、そこで	그러면　それなら、そうすれば、すると
그러나　しかし	그런데　ところで、さて、ところが
하지만　しかし、けれども	그렇지만　けれども
그러니까　だから、ですから	그리고　そして、それから
왜냐하면　なぜならば	

お助けフレーズ

～になる　　-가/이 되다
～が好きだ　-를/을 좋아하다＝-가/이 좋다
～が嫌いだ　-를/을 싫어하다＝-가/이 싫다
～が上手だ（得意だ）　-를/을 잘하다
～が下手だ（できない）　-를/을 못하다
～に会う　　-를/을 만나다
～に乗る　　-를/을 타다
～（場所）に行く　-에 가다
～（目的）に行く　-를/을 가다
～に住む　　-에 살다
～で暮らす　-에서 살다
～のために　-를/을 위해서（目的）/ 때문에（理由）
～する時間が・必要が・約束が・勇気がある／ない
　-(으)ㄹ 시간이・필요가・약속이・용기가 있다/없다

不規則用言のまとめ

ㄷ不規則用言

例＼活用	母音で始まる語尾の前で「ㄷ」が「ㄹ」に変わる。				
	-ㅂ/습니다	-아/어요	-(으)니까	-(으)면	(으)세요
듣다（聴く）	듣습니다	들어요	들으니까	들으면	들으세요
걷다（歩く）	걷습니다	걸어요	걸으니까	걸으면	걸으세요
묻다（訪ねる）	묻습니다	물어요	물으니까	물으면	물으세요

「싣다（積む、載せる），깨닫다（悟る）」など。ただし、「받다（もらう），닫다（閉める），얻다（得る）」などは規則用言なので、「받아요（もらいます），닫으세요（閉めてください），얻으면（得れば）」などとなる。

ㄹ語幹用言

例＼活用	「-(으)ㄴ，-(으)ㅂ，-(으)ㅅ，-(으)ㄹ」で始まる語尾の前で「ㄹ」が脱落する。				
	-ㅂ/습니다	-아/어요	-(으)니까	-(으)면	-(으)ㄹ까요?
만들다（作る）	만듭니다	만들어요	만드니까	만들면	만들까요?
팔다（売る）	팝니다	팔아요	파니까	팔면	팔까요?
멀다（遠い）	멉니다	멀어요	머니까	멀면	멀까요?

「길다（長い），들다（手に持つ），떠들다（騒ぐ），불다（吹く），알다（知る・分かる），열다（開ける），울다（泣く），힘들다（大変だ）」などㄹパッチムで終わる全ての用言。

ㅂ不規則用言

例 \ 活用	母音で始まる語尾の前で「ㅂ」が「우」に変わる。 ＊ただし、「돕다（手伝う），곱다（きれいだ）」は、「-아/어」の前では「도와，고와」になる。					
	-ㅂ/습니다	-아/어요	-(으)니까	-(으)면	-(으)ㄹ까요?
덥다（暑い）	덥습니다	더워요	더우니까	더우면	더울까요?
가깝다（近い）	가깝습니다	가까워요	가까우니까	가까우면	가까울까요?
돕다（手伝う）	돕습니다	＊도와요	도우니까	도우면	도울까요?
곱다（きれいだ）	곱습니다	＊고와요	고우니까	고우면	고울까요?

「귀엽다（かわいい），맵다（辛い），쉽다（易しい），어렵다（難しい），춥다（寒い）」など、「좁다（狭い）」以外のㅂで終わるすべての形容詞がㅂ不規則用言。「좁다（狭い）」は規則用語。
一方、「입다（着る），잡다（握る），씹다（噛む）」などの動詞は規則用言なので、「입어요（着ます），잡으면（握れば），씹으세요（噛んでください）」などとなる。

으不規則用言

例 \ 活用	語幹末が母音「ㅡ」で終わる用言。「-아/어」で始まる語尾の前で「ㅡ」の直前の母音が「ㅏ・ㅗ」なら「ㅏ」、「ㅏ・ㅗ以外」なら「ㅓ」になる。 ＊ただし、語幹末が1音節（1文字）の場合は、「-아/어」で始まる語尾の前で「ㅡ」はすべて「ㅓ」になる。					
	-ㅂ/습니다	-아/어요	-(으)니까	-(으)면	-(으)ㄹ까요?
아프다（暑い）	아픕니다	아파요	아프니까	아프면	아플까요?
기쁘다（近い）	기쁩니다	기뻐요	기쁘니까	기쁘면	기쁠까요?
쓰다（書く）	씁니다	＊써요	쓰니까	쓰면	쓸까요?

「예쁘다（かわいい），크다（大きい），슬프다（悲しい），고프다（空腹だ），따르다（従う），모으다（集める）」など。

ㅅ不規則用言

例 \ 活用	母音で始まる語尾の前で「ㅅ」が脱落する。				
	-ㅂ/습니다	-아/어요	-(으)니까	-(으)면	-(으)ㄹ까요?
짓다（暑い）	짓습니다	지어요	지으니까	지으면	지을까요?
낫다（近い）	낫습니다	나아요	나으니까	나으면	나을까요?

ただし、「웃다（笑う），벗다（脱ぐ），씻다（洗う）」などは規則用言なので、「웃어요（笑います），벗으면（脱げば），씻으세요（洗ってください）」になる。

르不規則用言

例 \ 活用	「-아/어」で始まる語尾の前で「르」が「-ㄹ라/-ㄹ러」に変わる。「르」の直前の母音が「ㅏ・ㅗ」なら「-ㄹ라」、「ㅏ・ㅗ以外」なら「-ㄹ러」になる。				
	-ㅂ/습니다	-아/어요	-(으)니까	-(으)면	-(으)ㄹ까요?
빠르다 (速い)	빠릅니다	빨라요	빠르니까	빠르면	빠를까요?
다르다 (異なる)	다릅니다	달라요	다르니까	다르면	다를까요?
부르다 (呼ぶ)	부릅니다	불러요	부르니까	부르면	부를까요?

「고르다 (選ぶ), 마르다 (乾く), 모르다 (知らない、分からない), 자르다 (切る)」など。ただし、「따르다 (従う)」は「으不規則」なので、「따라요 (従います)」になる。

ㅎ不規則用言

例 \ 活用	母音で始まる語尾の前で「ㅎ」が脱落する。また、「-아/어」の前では「ㅎ」脱落と共に、「ㅏ/ㅓ」も「ㅐ」に変わる。				
	-ㅂ/습니다	-아/어요	-(으)니까	-(으)면	-(으)ㄹ까요?
빨갛다 (赤い)	빨갛습니다	빨개요	빨가니까	빨가면	빨갈까요?
파랗다 (青い)	파랗습니다	파래요	파라니까	파라면	파랄까요?
이렇다 (こうだ)	이렇습니다	이래요	이러니까	이러면	이럴까요?

「하얗다 (白い), 까맣다 (黒い), 노랗다 (黄色い), 어떻다 (どうだ), 그렇다 (そうだ), 저렇다 (ああだ)」など。

러不規則用言

例 \ 活用	「-아/어」で始まる語尾の前で「어」が「러」に変わる。				
	-ㅂ/습니다	-아/어요	-(으)니까	-(으)면	-(으)ㄹ까요?
푸르다 (赤い)	푸릅니다	푸르러요	푸르니까	푸르면	푸를까요?
이르다 (至る)	이릅니다	이르러요	이르니까	이르면	이를까요?

文法リスト **335**

著者紹介

金珉秀（キム ミンス）
韓国ソウル生まれ。
韓国　徳成女子大学 日語日文学科卒業。
筑波大学大学院 文芸・言語研究科博士課程修了。
言語学博士。専門は日韓対照言語学、意味論。
韓国政府 文化体育観光部 発行「韓国語教員資格」取得。
　　　　 教育科学技術部 発行「中等学校正教師（日本語）資格」取得。
（前）国際基督教大学（ICU）、国士舘大学、筑波学院大学、駐日韓国文化院世宗学堂
　　　韓国語講師。
（現）東海大学外国語教育センターコリア語特任講師

著書
『間違いだっておもしろい！わらってわらって韓国語』（2007）駿河台出版社
『聴くだけのらくらく！カンタン韓国語－旅行会話編－』（2008）駿河台出版社
『韓国語能力試験初級［1級・2級］対策単語集』（2009）駿河台出版社
『もぐもぐモゴヨ：日本語から覚えるカンタン韓国語』（2010）駿河台出版社
『韓国語能力試験中級［3級・4級］対策単語集』（2011）駿河台出版社
『耳にスイスイこれで完璧！韓国語の発音マスターノート』（2012）駿河台出版社
『まちがいや、勘違いから学ぶ韓国語 韓国語学習者はかんちがいの達人!?』（2013）
　駿河台出版社

発行者・発行所

井田洋二
株式会社　駿河台出版社
〒101-0062　東京都千代田区神田駿河台3-7
電話 03(3291)1676（代）　FAX 03(3291)1675
http://www.e-surugadai.com

装丁・本文デザイン
ヨム ソネ

組版・印刷・製本
フォレスト

2014年4月25日　初版1刷発行
ISBN978-4-411-03091-7 C1087